Mehnaz Tabassum
Abul Fazal Mohammad K Hasan
Md. Shukur Mia

Compressão de imagens sem perdas utilizando a transformada discreta do cosseno DCT

Mehnaz Tabassum
Abul Fazal Mohammad K Hasan
Md. Shukur Mia

Compressão de imagens sem perdas utilizando a transformada discreta do cosseno DCT

ScienciaScripts

Imprint
Any brand names and product names mentioned in this book are subject to trademark, brand or patent protection and are trademarks or registered trademarks of their respective holders. The use of brand names, product names, common names, trade names, product descriptions etc. even without a particular marking in this work is in no way to be construed to mean that such names may be regarded as unrestricted in respect of trademark and brand protection legislation and could thus be used by anyone.

Cover image: www.ingimage.com

This book is a translation from the original published under ISBN 978-620-2-05586-4.

Publisher:
Sciencia Scripts
is a trademark of
Dodo Books Indian Ocean Ltd. and OmniScriptum S.R.L publishing group

120 High Road, East Finchley, London, N2 9ED, United Kingdom
Str. Armeneasca 28/1, office 1, Chisinau MD-2012, Republic of Moldova, Europe
Printed at: see last page
ISBN: 978-620-7-93322-8

Índice:

Dedicação

Dedicado a
Os nossos queridos pais

Resumo

No mundo atual, a compressão de imagens é uma ferramenta muito importante para poupar a quantidade de espaço que a imagem utiliza para o seu armazenamento. Nos últimos dias, como a partilha e transmissão de imagens nas redes sociais tem sido o tema de tendência, a compressão da imagem tornou-se mais significativa e vital. A compressão pode ser com ou sem perdas. Com a compressão sem perdas, depois de reconstruir a imagem original utilizando uma técnica de descompressão, a imagem final obtida é numericamente igual à imagem de entrada. A técnica de compressão sem perdas também pode ser aplicada ao vídeo, mas raramente é utilizada, uma vez que a compressão com perdas proporciona melhores taxas de compressão sem grande perda de qualidade do vídeo. Existem muitas técnicas de compressão para comprimir a imagem. Um dos métodos mais comuns de compressão de imagens é o método da transformada discreta do cosseno. Apesar de serem utilizados vários métodos avançados de compressão de imagem, os passos básicos utilizados para a compressão de imagens fixas também podem ser utilizados, juntamente com a inclusão da estimativa e compensação de movimento. Neste projeto, a compressão de imagens é conseguida através da aplicação do método da Transformada Discreta de Coseno.

Reconhecimento

Um projeto de longa duração só pode ser bem sucedido com o conselho e o apoio de muitos benfeitores. Queremos aproveitar esta oportunidade para expressar a nossa gratidão e apreço a todos eles.

Expressamos a nossa mais sincera gratidão à nossa supervisora **Mehnaz Tabassum, Professora Assistente**, Departamento de Informática e Engenharia, Universidade de Jagannath, pela sua inestimável orientação, supervisão técnica, feedback valioso e discussões construtivas e sugestões para melhorar a qualidade do meu projeto. Sem o seu envolvimento e supervisão, teria sido impossível concluir o projeto.

Por último, mas não menos importante, gostaríamos de expressar os nossos agradecimentos especiais a todos os nossos honoráveis professores do Departamento de Ciências e Engenharia Informática, especialmente ao honorável presidente do Departamento de CSE, **Dr. Uzzal Kumar Acharjee** e aos nossos respeitáveis professores **Dr. Mohammed Nasir Uddin, Md. Aminul Islam, Md. Manowarul Islam, Md. Ashraf Uddin, Sajal Halder** por nos terem dado tanta atenção e tempo para o nosso projeto.

Abul Fazal Mohammad Kamrul Hasan
Md. Shukur Mia

CAPÍTULO 1
INTRODUÇÃO

1.1 Introdução

Ao entrar na era digital, o mundo deparou-se com uma grande quantidade de informação. Lidar com esta vasta quantidade de informação pode muitas vezes resultar em muitas dificuldades. Temos de armazenar, recuperar, analisar e processar a informação digital de uma forma eficiente, de modo a poder ser utilizada na prática.

Na última década, foram desenvolvidos muitos aspectos da tecnologia digital. Especificamente nos domínios da aquisição de imagens, do armazenamento de dados e da impressão de mapas de bits. A compressão de uma imagem é significativamente diferente da compressão de dados binários em bruto. As imagens têm certas propriedades estatísticas que podem ser exploradas por codificadores especificamente concebidos para elas. Por isso, o resultado é menos do que ótimo quando se utilizam programas de compressão de uso geral para comprimir imagens.

Uma das muitas técnicas de processamento de imagens é a compressão de imagens. A compressão de imagens tem muitas aplicações e desempenha um papel importante na transmissão e armazenamento eficientes de imagens. A compressão de imagens tem por objetivo reduzir a redundância dos dados de imagem para armazenar ou transmitir apenas um número mínimo de amostras e, a partir daí, reconstruir uma boa adesão à imagem original, de acordo com a perceção visual humana.

1.2 Motivação para o trabalho

Como utilizador de formatos de ficheiros gráficos e de aplicações de compressão, tenho-me interessado por este domínio desde o início do meu interesse pela informática. A minha própria experiência de utilização de imagens gráficas em trabalhos de curso levou-me a refletir sobre muitas questões relacionadas com a existência de tantos formatos e métodos de armazenamento destas imagens. Este projeto deu-me a oportunidade de explorar o mundo dos ficheiros gráficos e a sua técnica de compressão para os armazenar em espaços reduzidos onde o armazenamento não é ilimitado.

No início do projeto, os meus conhecimentos neste domínio eram informais. Conhecia, de uma forma geral, os bitmaps sem saber nada de específico sobre os formatos, as técnicas de compressão e a estrutura geral das imagens gráficas que estava a utilizar.

Do ponto de vista teórico, fiz muita investigação sobre os princípios do armazenamento de imagens e áreas conexas, incluindo compressão e descompressão, espaços de cor e conversão entre sistemas de cor, visualização de imagens, conversão entre formatos de ficheiros e algumas técnicas avançadas utilizadas para melhorar os rácios de compressão e permitir características como o vídeo em movimento total em tempo real.

CAPÍTULO 2
REVISÃO DA LITERATURA

2.1 Métodos utilizados na compressão de imagens

2.1.1 Wavelet de árvore zero incorporada (EZW)

O EZW é um algoritmo de compressão de imagem com perdas [9]. A taxas de bits baixas, ou seja, rácios de compressão elevados, a maioria dos coeficientes produzidos por uma transformada de sub-banda será zero, ou muito próxima de zero. Isto acontece porque as imagens do "mundo real" tendem a conter maioritariamente informação de baixa frequência. No entanto, quando existe informação de alta frequência, é utilizado um esquema de codificação de alta qualidade. Nos esquemas de compressão de imagem baseados em árvores nulas, como o EZW e o SPIHT, a ênfase é colocada na utilização das propriedades estatísticas das árvores para codificar eficazmente a localização dos coeficientes significativos. Uma vez que a maioria dos coeficientes será zero ou próximo de zero, as localizações espaciais dos coeficientes significativos constituem uma grande parte do tamanho total de uma imagem comprimida típica. Um coeficiente é considerado significativo se a sua magnitude for superior a um determinado limiar. Começando com um limiar que está próximo das magnitudes máximas dos coeficientes e diminuindo iterativamente o limiar, é possível criar uma representação comprimida de uma imagem que acrescenta progressivamente mais pormenores. Devido à estrutura das árvores, é muito provável que, se um coeficiente numa determinada banda de frequência for insignificante, todos os seus descendentes também o serão.

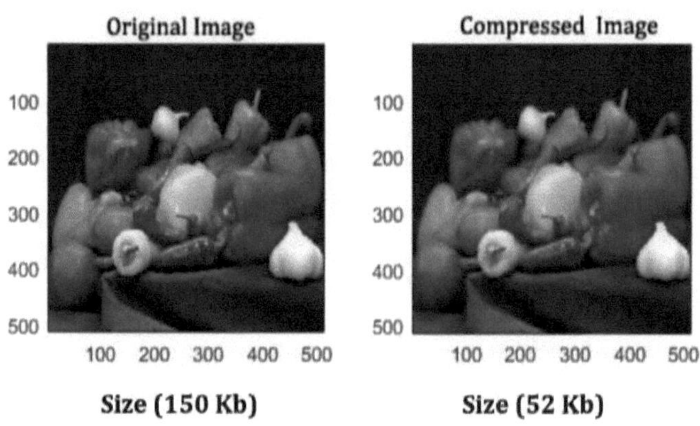

Figura-1: Compressão de imagens utilizando (EZW)

2.1.2 Redução da diferença de Wavelet (WDR)

O WDR combina a codificação em comprimento de execução do mapa de significância com uma representação eficiente dos símbolos em comprimento de execução para produzir um codificador de imagem incorporado [9]. Nas técnicas SPIHT e WDR, a estrutura de dados de árvore zero é excluída, mas os princípios de incorporação de codificação de plano de bits sem perdas e particionamento de conjuntos são preservados. No algoritmo WDR, em vez de utilizar as árvores zero, a cada coeficiente numa pirâmide wavelet decomposta é atribuído um índice de posição linear. A saída da codificação WDR pode ser comprimida aritmeticamente. O método que descrevem baseia-se no algoritmo de codificação aritmética elementar de. O algoritmo WDR é um procedimento muito simples. Primeiro, aplica-se uma transformada wavelet à imagem e, em seguida, efectua-se o algoritmo de codificação WDR baseado no plano de bits para os coeficientes wavelet.

2.1.3 Redução da diferença de Wavelet digitalizada adaptativamente (ASWDR)

Um dos mais recentes algoritmos de compressão de imagem é o algoritmo ASWDR (Adaptively Scanned Wavelet Difference Reduction) de Walker [9]. O adjetivo "adaptativamente digitalizado" refere-se ao facto de este algoritmo modificar a ordem de digitalização utilizada pelo WDR de modo a obter um melhor desempenho.

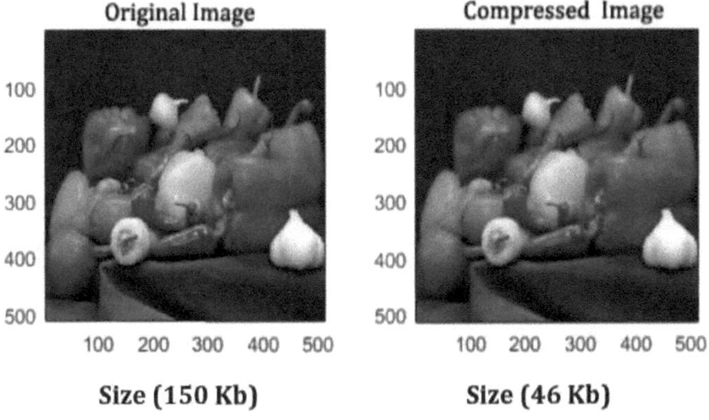

Figura-2: Compressão de imagem utilizando (ASWDR)

2.1.4 Partição de conjuntos em árvores hierárquicas 3D para imagens a cores reais (SPIHT_3D)

O 3D-SPIHT é a referência atual para a compressão de imagens tridimensionais [9]. A codificação tridimensional baseia-se na observação de que as sequências de imagens são contíguas no eixo temporal e que não há movimento entre os cortes. Por conseguinte, a transformada wavelet discreta 3D pode explorar plenamente as correlações entre cortes. As técnicas de partição de conjuntos envolvem uma codificação progressiva dos coeficientes wavelet. A 3D-SPIHT é implementada e os desempenhos de distorção da taxa (rácio sinal-ruído de pico (PSNR) vs. taxa de bits) são apresentados para conjuntos de dados médicos volumétricos utilizando 9/7 bi-ortogonais. Os resultados são comparados com os resultados anteriores das normas JPEG 2000. Os resultados mostram que o método 3D-SPIHT explora as relações entre os espaços de cor, bem como mantém a integração total exigida pela compressão de sequências de imagens a cores, e apresenta um melhor desempenho em termos de PSNR e taxa de compressão do que o JPEG 2000. Os resultados sugerem uma implementação prática efectiva para aplicações PACS.

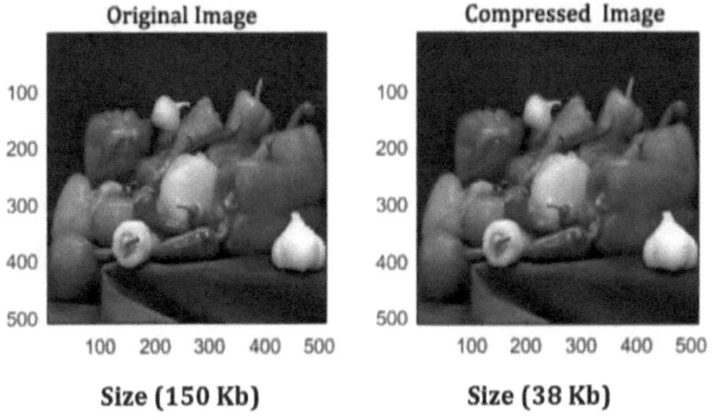

Figura-3: Compressão de imagens utilizando (SPIHT_3D)

2.1.5 Partição de conjuntos em árvores hierárquicas (SPIHT)

As imagens obtidas com métodos baseados em wavelets apresentam uma qualidade visual muito boa. Mesmo métodos de codificação simples produzem bons resultados quando combinados com wavelets. O SPIHT pertence à próxima geração de codificadores de wavelets, empregando uma codificação mais sofisticada [9]. O SPIHT explora as propriedades das imagens transformadas por wavelets para aumentar a sua eficiência. O SPIHT ganha no teste de encontrar a taxa mínima necessária para obter uma reprodução indistinguível do original. A vantagem do SPIHT é ainda mais pronunciada na codificação de imagens a cores, porque os bits são atribuídos automaticamente para otimização local entre os componentes de cor, ao contrário de outros algoritmos que codificam os componentes de cor separadamente com base em estatísticas globais dos componentes individuais.

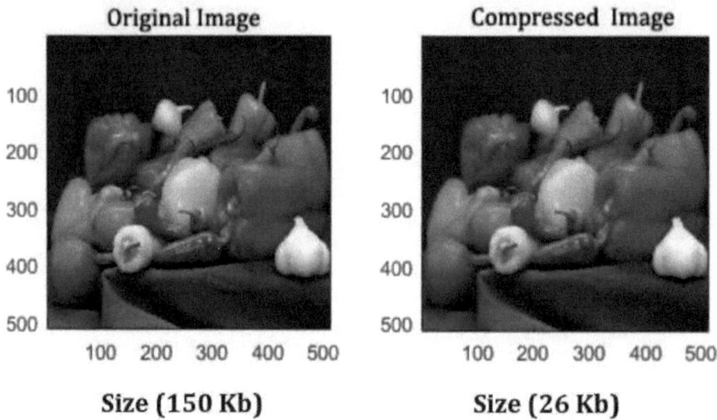

Figura-4: Compressão de imagem utilizando (SPIHT) - Imagem a cores cinzentas

2.1.6 Wavelet de árvore de orientação espacial (STW)

As árvores de orientação espacial são grupos de coeficientes da transformada wavelet organizados em árvores em que a sub-banda de frequência mais baixa é a raiz e as sub-bandas de frequência mais elevada são os descendentes da sub-banda de frequência mais baixa ou de escala mais grosseira. 3D-SPIHT: A versão alargada do 2D SPIHT é o esquema 3-D SPIHT [9] que possui as mesmas três características.

1. Organizando parcialmente com a magnitude do vídeo transformado em wavelet 3-D utilizando um algoritmo de partição de conjuntos 3-D;
2. Transmissão de bits de refinamento num plano de bits ordenado; e
3. Utilização da auto-similaridade em árvores de orientação espácio-temporal.

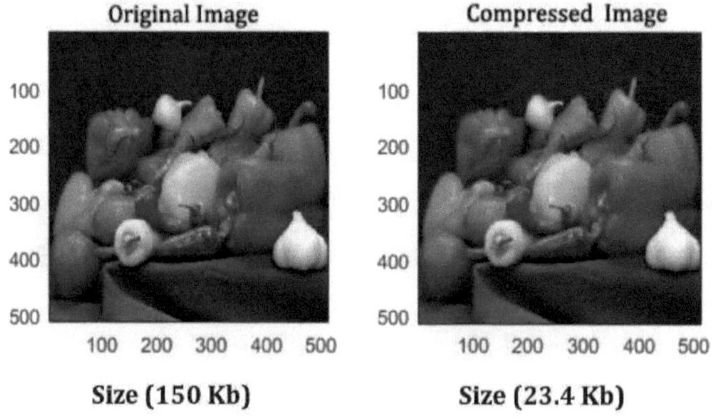

Figura-5: Compressão de imagens utilizando (STW)

CAPÍTULO 3
NOÇÕES BÁSICAS DE PROCESSAMENTO DE IMAGEM

3.1 Noções básicas de imagiologia

Imagem significa uma fotografia. Representa visualmente o registo de dados e informações. As imagens são muito importantes porque podem ajudar-nos a armazenar dados e informações para comunicação. Todos os dias utilizamos a fotografia para criar um documento estável das nossas experiências visuais. Estas informações ajudam-nos a tomar decisões em diferentes incidentes. Assim, vemos que a imagem tem um preâmbulo significativo na nossa vida.

3.2 Processamento digital de imagens

Uma imagem pode ser definida como uma função bidimensional, em que x e y são coordenadas espaciais (planas), e a amplitude f em qualquer par de coordenadas (x, y) é designada por intensidade ou nível de cinzento da imagem nesse ponto. Quando x, y e os valores de intensidade de f são todos quantidades finitas e discretas, chamamos à imagem uma imagem digital. O domínio do processamento digital de imagens refere-se ao processamento de imagens digitais por meio de um computador digital.

Uma imagem digital é composta por um número finito de elementos, cada um dos quais com uma localização e um valor específicos. Estes elementos são designados por elementos de imagem, elementos de imagem, pels e pixéis. Pixel é o termo mais utilizado para designar os elementos de uma imagem digital. A visão é o mais avançado dos nossos sentidos, pelo que não é surpreendente que as imagens desempenhem o papel mais importante na perceção humana. No entanto, ao contrário dos seres humanos, que estão limitados à banda visual do espetro eletromagnético (EM), as máquinas de imagem cobrem quase todo o espetro EM, desde as ondas gama às ondas de rádio. Podem operar em imagens geradas por fontes que os humanos não estão habituados a associar a imagens. Estas incluem ultra-sons, microscopia eletrónica e imagens geradas por computador. Assim, o processamento digital de imagens abrange um vasto e variado campo de aplicações. Por vezes, é feita uma distinção definindo o processamento de imagens como uma disciplina em que tanto a entrada como a saída de um processo são imagens. Consideramos que esta é uma fronteira limitativa e algo artificial.

Por exemplo, segundo esta definição, mesmo a tarefa trivial de calcular a intensidade média de uma imagem (que produz um único número) não seria considerada uma operação de processamento de imagem. Por outro lado, existem domínios como a visão por computador, cujo objetivo final é utilizar os computadores para emular a visão humana, incluindo a aprendizagem e a capacidade de fazer inferências e tomar medidas com base em dados visuais. Esta área é, ela própria, um ramo da inteligência artificial (IA) cujo objetivo é emular a inteligência humana.

O domínio da IA está na sua fase inicial de desenvolvimento, tendo os progressos sido muito mais lentos do que inicialmente previsto. A área da análise de imagens (também designada por compreensão de imagens) situa-se entre o processamento de imagens e a visão por computador. Não existem limites claros no continuum entre o processamento de imagem, numa extremidade, e a visão por computador, na outra.

No entanto, um paradigma útil é considerar três tipos de processos computorizados neste continuum: processos de baixo, médio e alto nível. Os processos de baixo nível envolvem operações primitivas, como o pré-processamento de imagens para reduzir o ruído, o aumento do contraste e a nitidez da imagem.

Um processo de baixo nível é caracterizado pelo facto de tanto as suas entradas como as suas saídas serem imagens. O processamento de médio nível em imagens envolve tarefas como a segmentação (divisão de uma imagem em regiões ou objectos), a descrição desses objectos para os reduzir a uma forma adequada ao processamento informático e a classificação (reconhecimento) de objectos individuais.

Um processo de nível médio é caracterizado pelo facto de as suas entradas serem geralmente imagens, mas as suas saídas são atributos extraídos dessas imagens (por exemplo, arestas, contornos e a identidade de objectos individuais).

Finalmente, o processamento de nível superior envolve "dar sentido" a um conjunto de objectos reconhecidos, como na análise de imagens, e, no extremo oposto do continuum, executar as funções cognitivas normalmente associadas à visão. Com base nos comentários anteriores, vemos que um local lógico de sobreposição entre o processamento de imagens e a análise de imagens é a área de reconhecimento de regiões ou objectos individuais numa imagem.

3.3   As origens do processamento digital de imagens

Uma das primeiras aplicações das imagens digitais foi na indústria jornalística, quando as fotografias foram enviadas pela primeira vez por cabo submarino entre Londres e Nova Iorque. A introdução do sistema de transmissão de imagens por cabo Bart lane no início da década de 1920 reduziu o tempo necessário para transportar uma imagem através do Atlântico de mais de uma semana para menos de três horas. O equipamento de impressão especializado codificava as imagens para transmissão por cabo e depois reconstruía-as no local de receção. A Figura 6 foi transmitida desta forma e reproduzida numa impressora telegráfica equipada com tipos de letra que simulavam um padrão de meio-tom. Alguns dos problemas iniciais para melhorar a qualidade visual destas primeiras imagens digitais estavam relacionados com a seleção dos procedimentos de impressão e a distribuição dos níveis de intensidade. O método de impressão utilizado para obter a Figura-6 foi abandonado no final de 1921 em favor de uma técnica baseada na reprodução fotográfica feita a partir de fitas perfuradas no terminal de receção telegráfica. Os primeiros sistemas Bartlane eram capazes de codificar imagens em cinco níveis distintos de cinzento.

Esta capacidade foi aumentada para 15 níveis em 1929. Durante este período, a introdução de um sistema de revelação de uma placa de filme através de feixes de luz modulados pela fita de imagem codificada melhorou consideravelmente o processo de reprodução. Embora os exemplos que acabámos de citar envolvam imagens digitais, não são considerados resultados do processamento digital de imagens no contexto da nossa definição porque os computadores não estiveram envolvidos na sua criação.

Figura-6: as imagens foram enviadas pela primeira vez por cabo submarino.

Assim, a história do processamento digital de imagens está intimamente ligada ao desenvolvimento do computador digital. De facto, as imagens digitais requerem tanto armazenamento e poder computacional que o progresso no domínio do processamento digital de imagens tem estado dependente do desenvolvimento de computadores digitais e de tecnologias de apoio que incluem o armazenamento, a visualização e a transmissão de dados. A ideia de um computador remonta à invenção do ábaco na Ásia Menor, há mais de 5000 anos.

Mais recentemente, houve desenvolvimentos nos últimos dois séculos que constituem a base daquilo a que hoje chamamos computador. No entanto, a base para aquilo a que chamamos um computador digital moderno remonta apenas à década de 1940, com a introdução por John von Neumann de dois conceitos-chave: (1) uma memória para guardar um programa e dados armazenados e (2) ramificação condicional. Estas duas ideias são a base de uma unidade central de processamento (CPU), que é o coração dos computadores actuais. A partir de von Neumann, houve uma série de avanços importantes que levaram a computadores suficientemente potentes para serem utilizados no processamento digital de imagens.

Resumidamente, estes avanços podem ser resumidos da seguinte forma: (1) a invenção do transístor nos Laboratórios Bell em 1948; (2) o desenvolvimento, nas décadas de 1950 e 1960, das linguagens de programação de alto nível COBOL (Common Business-Oriented Language) e FORTRAN (Formula Translator); (3) a invenção do circuito integrado (CI) na Texas Instruments em 1958; (4) o desenvolvimento de sistemas operativos no início da década de 1960; (5) o desenvolvimento do microprocessador (uma pastilha única constituída pela unidade central de processamento, pela memória e pelos controlos de entrada e saída) pela Intel no início dos anos 70; (6) a introdução do computador pessoal pela IBM em 1981; e (7) a miniaturização progressiva dos componentes, começando pela integração em grande escala (LI) no final dos anos 70, passando pela integração em muito grande escala (VLSI) nos anos 80, até à utilização atual da integração em ultra grande escala (ULSI).

Paralelamente a estes avanços, registaram-se desenvolvimentos nos domínios do armazenamento em massa e dos sistemas de visualização, ambos requisitos fundamentais para o processamento digital de imagens. Os primeiros computadores suficientemente potentes para efetuar tarefas significativas de processamento de imagens surgiram no início da década de 1960.

O nascimento daquilo a que hoje chamamos processamento digital de imagem pode ser atribuído à disponibilidade dessas máquinas e ao início do programa espacial durante esse período. Foi necessária a combinação destes dois desenvolvimentos para pôr em evidência o potencial dos conceitos de processamento digital de imagem.

O trabalho de utilização de técnicas informáticas para melhorar as imagens de uma sonda espacial começou no Jet Propulsion Laboratory (Pasadena, Califórnia) em 1964, quando as imagens da Lua transmitidas pela Ranger 7 foram processadas por um computador para corrigir vários tipos de distorção de imagem inerentes à câmara de televisão de bordo. A Figura 7 mostra a primeira imagem da Lua tirada pela Ranger 7 em 31 de julho de 1964, às 9:09 da manhã, hora de verão oriental (EDT), cerca de 17 minutos antes do impacto com a superfície lunar.

Esta é também a primeira imagem da Lua obtida por uma nave espacial americana. As lições aprendidas com a Ranger 7 serviram de base para melhorar os métodos utilizados para melhorar e restaurar imagens das missões Surveyor à Lua, da série Mariner de missões de sobrevoo a Marte, dos voos tripulados Apollo à Lua, entre outros.

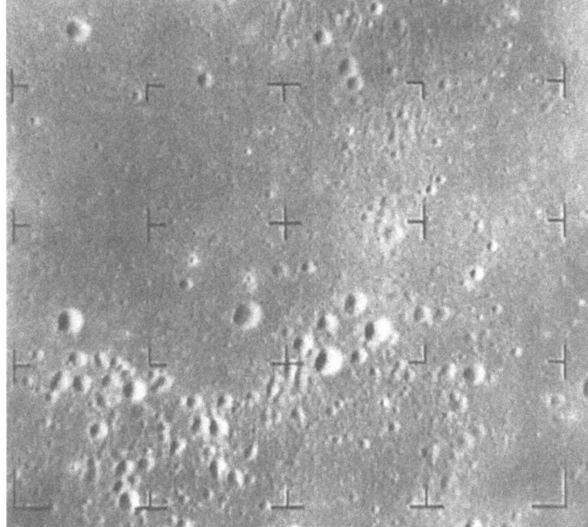

3.4 Exemplos de domínios que utilizam o processamento digital de imagens

Atualmente, não há quase nenhuma área de atividade técnica que não seja afetada de alguma forma pelo processamento digital de imagens. No contexto e no espaço do presente debate, apenas podemos abranger algumas destas aplicações.

3.4.1 Imagiologia de raios gama

As principais utilizações da imagiologia baseada em raios gama incluem a medicina nuclear e as observações astronómicas. Em medicina nuclear, a abordagem consiste em injetar num doente um isótopo radioativo que emite raios gama à medida que decai. As imagens são produzidas a partir das emissões recolhidas por detectores de raios gama. A figura 8 mostra uma imagem de uma cintigrafia óssea completa obtida por meio de imagens de raios gama. Imagens deste tipo são utilizadas para localizar locais de patologia óssea, como infecções ou tumores.

No entanto, em vez de utilizar uma fonte externa de energia de raios X, é administrado ao doente um isótopo radioativo que emite positrões à medida que decai. Quando um positrão encontra um eletrão, ambos são aniquilados e são emitidos dois raios gama. Estes são detectados e é criada uma imagem tomográfica utilizando os princípios básicos da tomografia.

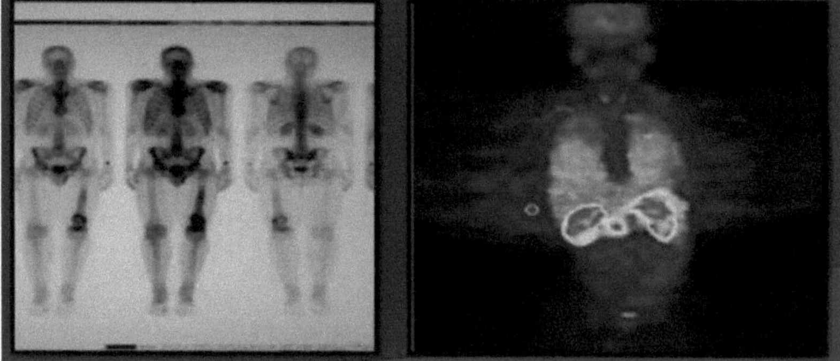

Figura-8: Imagiologia de raios gama.

3.4.2 Imagiologia de raios X

Os raios X são uma das mais antigas fontes de radiação electromagnética utilizadas na imagiologia. A utilização mais conhecida dos raios X é o diagnóstico médico, mas também são amplamente utilizados na indústria e noutras áreas, como a astronomia. Os raios X para imagiologia médica e industrial são gerados utilizando um tubo de raios X, que é um tubo de vácuo com um cátodo e um ânodo. O cátodo é aquecido, provocando a libertação de electrões livres. Estes electrões fluem a alta velocidade para o ânodo carregado positivamente. Quando os electrões atingem um núcleo, é libertada energia sob a forma de radiação de raios X.

A energia (poder de penetração) dos raios X é controlada por uma tensão aplicada através do ânodo e por uma corrente aplicada ao filamento no cátodo. A Figura-9 mostra uma radiografia de tórax familiar gerada simplesmente colocando o doente entre uma fonte de raios X e uma película sensível à energia dos raios X. A intensidade dos raios X é modificada por absorção à medida que passam pelo paciente, e a energia resultante que incide sobre o filme revela-o, da mesma forma que a luz revela o filme fotográfico. Na radiografia digital, as imagens digitais são obtidas através de um de dois métodos: (1) digitalizando películas de raios X; ou (2) fazendo com que os raios X que atravessam o doente incidam diretamente em dispositivos (como um ecrã de fósforo) que convertem os raios X em luz. O sinal luminoso, por sua vez, é captado por um sistema de digitalização sensível à luz.

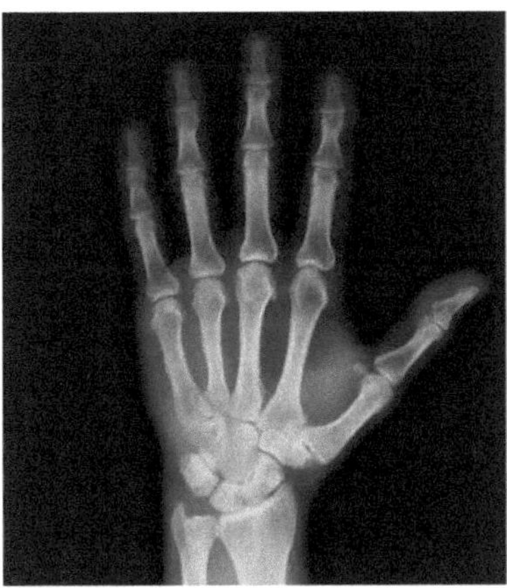

Figura-9: Imagiologia de raios X.

3.4.3 Imagiologia na banda ultravioleta

As aplicações da "luz" ultravioleta são variadas. Incluem a litografia, a inspeção industrial, a microscopia, os lasers, a imagiologia biológica e as observações astronómicas. Ilustramos a imagiologia nesta banda com exemplos de microscopia e astronomia. A luz ultravioleta é utilizada na microscopia de fluorescência, uma das áreas de crescimento mais rápido da microscopia. A fluorescência é um fenómeno descoberto em meados do século XIX, quando se observou pela primeira vez que o mineral espatoflúor fluoresce quando lhe é dirigida luz ultravioleta.

A luz ultravioleta em si não é visível, mas quando um fotão de radiação ultravioleta colide com um eletrão num átomo de um material fluorescente, eleva o eletrão para um nível de energia mais elevado. Subsequentemente, o eletrão excitado relaxa para um nível inferior e emite luz sob a forma de um fotão de menor energia na região da luz visível (vermelha). A tarefa básica do microscópio de fluorescência consiste em utilizar uma luz de excitação para irradiar uma amostra preparada e, em seguida, separar a luz fluorescente de radiação muito mais fraca da luz de excitação mais brilhante. Assim, apenas a luz de emissão atinge o olho ou outro detetor. As áreas fluorescentes resultantes brilham contra um fundo escuro com contraste suficiente para permitir a deteção.

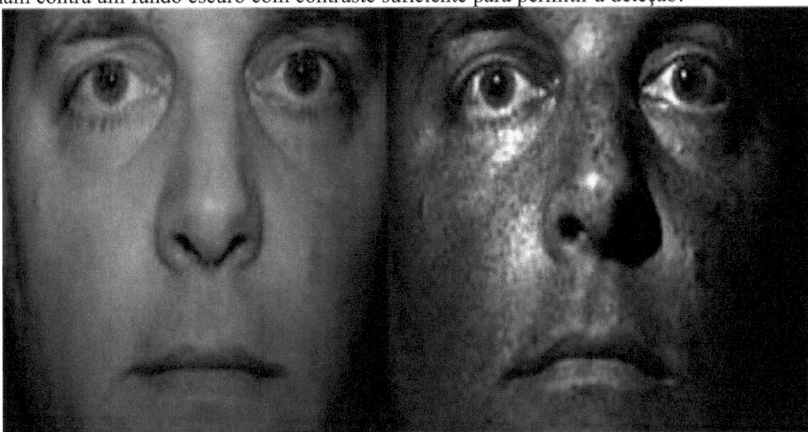

Figura-10: Imagiologia na banda ultravioleta.

3.4.4 Imagiologia nas bandas do visível e do infravermelho

Considerando que a banda visual do espetro eletromagnético é a mais familiar em todas as nossas actividades, não é surpreendente que a imagiologia nesta banda ultrapasse de longe todas as outras em termos de amplitude de aplicação. A banda de infravermelhos é frequentemente utilizada em conjunto com a imagiologia visual, pelo que agrupámos as bandas visível e de infravermelhos nesta secção para efeitos de ilustração. Na discussão que se segue, consideramos aplicações em microscopia ótica, astronomia, deteção remota, indústria e aplicação da lei. A Figura 11 mostra vários exemplos de imagens obtidas com um microscópio de luz. Os exemplos vão desde os produtos farmacêuticos e a microinspecção até à caraterização de materiais. Mesmo na microscopia, as áreas de aplicação são demasiado numerosas para serem aqui descritas. Não é difícil concetualizar os tipos de processos que se podem aplicar a estas imagens, desde o melhoramento até às medições.

Figura -11: Imagiologia nas bandas do visível e do infravermelho.

3.4.5 Imagiologia na banda de micro-ondas

A aplicação dominante da imagiologia na banda de micro-ondas é o radar. A caraterística única do radar de imagem é a sua capacidade de recolher dados em praticamente qualquer região e em qualquer altura, independentemente das condições meteorológicas ou de iluminação ambiente.

Algumas ondas de radar podem penetrar nas nuvens e, sob certas condições, podem também ver através da vegetação, gelo e areia seca. Em muitos casos, o radar é a única forma de explorar regiões inacessíveis da superfície da Terra. O radar de imagem funciona como uma câmara de flash, na medida em que fornece a sua própria iluminação (impulsos de micro-ondas) para iluminar uma área no solo e obter uma imagem instantânea.

Em vez de uma lente de câmara, o radar utiliza uma antena e processamento digital por computador para registar as suas imagens. Numa imagem de radar, apenas se pode ver a energia de micro-ondas que foi reflectida de volta para a antena do radar. A Figura -12 mostra uma imagem de radar espacial cobrindo uma área montanhosa acidentada no sudeste do Tibete, cerca de 90 km a leste da cidade de Lhasa. No canto inferior direito há um amplo vale do rio Lhasa, que é povoado por agricultores tibetanos e pastores de iaques e inclui a aldeia de Menba. As montanhas nesta área atingem cerca de 5800 m (19.000 pés) acima do nível do mar, enquanto o fundo do vale fica a cerca de 4300 m (14.000 pés) acima do nível do mar. Note-se a nitidez e o pormenor da imagem, não afetada por nuvens ou outras condições atmosféricas que normalmente interferem com as imagens na banda visual.

Figura -12: Imagiologia na banda de micro-ondas.

3.4.6 Imagiologia na banda de rádio

Tal como no caso da imagiologia no outro extremo do espetro (raios gama), as principais aplicações da imagiologia na banda de rádio são a medicina e a astronomia. Em medicina, as ondas de rádio são utilizadas na imagiologia por ressonância magnética (MRI).

Esta técnica coloca um doente num potente íman e faz passar ondas de rádio pelo seu corpo em impulsos curtos. Cada impulso provoca a emissão de um impulso de resposta de ondas de rádio pelos tecidos do doente. O local de origem destes sinais e a sua intensidade são determinados por um computador, que produz uma imagem bidimensional de uma secção do doente. A RMN pode produzir imagens em qualquer plano. A Figura -13 mostra imagens de RM de um joelho e de uma coluna vertebral humanos.

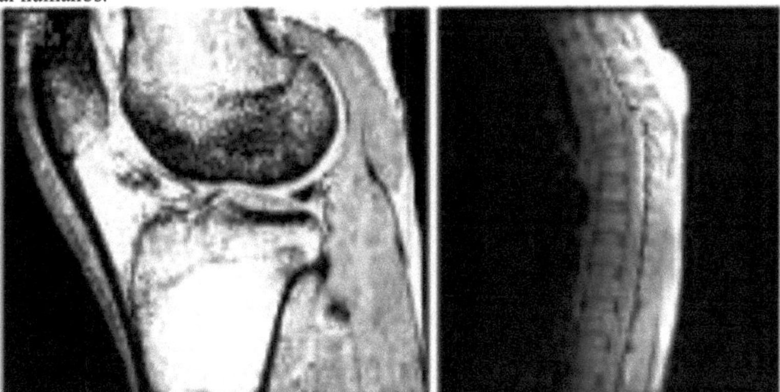

Figura -13: Imagiologia na banda de rádio

3.5   Etapas fundamentais do processamento digital de imagens

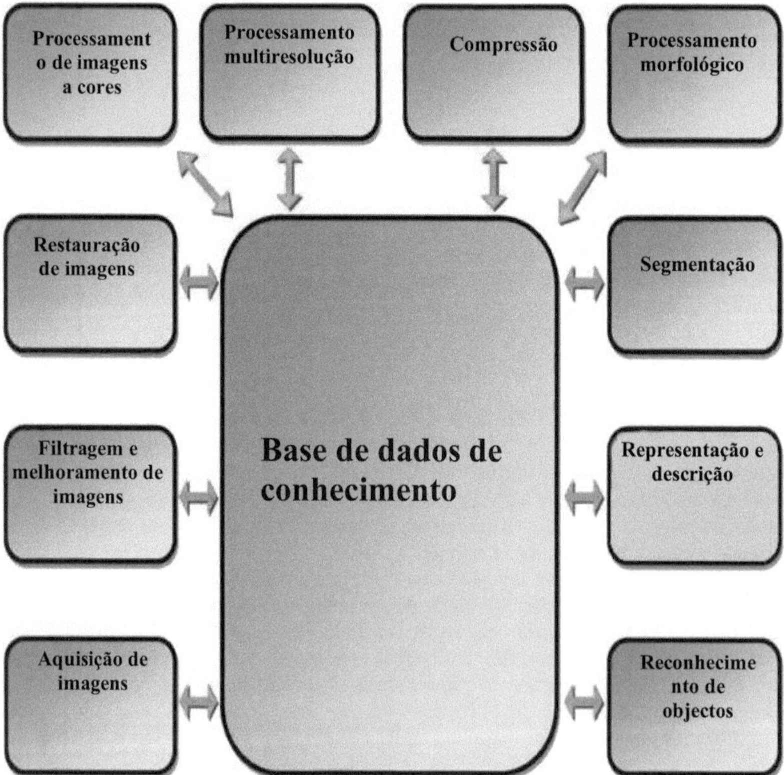

Figura -14: Etapas fundamentais do processamento digital de imagens

3.5.1   Aquisição de imagens:
É o primeiro passo para o processamento de imagens. Na aquisição de imagens, o pré-processamento da imagem é concluído. Por exemplo: Escalonamento.

3.5.2   Melhoria de imagem:
Nesta fase, a imagem é manipulada. A imagem manipulada é melhor do que a imagem original para uma aplicação específica.

3.5.3   Restauro de imagens:
É objetiva, no sentido em que as técnicas de restauro se baseiam em modelos matemáticos ou probabilísticos de degradação da imagem.

3.5.4   Imagem a cores:
A cor é utilizada numa imagem para extrair as características de interesse.

3.5.5   Wavelets:
Neste passo, uma imagem é representada em vários graus de resolução.

3.5.6   Compressão:
A compressão é uma técnica que permite reduzir o armazenamento necessário para guardar uma imagem ou a largura de banda necessária para transmitir uma imagem. Por exemplo: JPEG (Joint Photographic Experts Group).

3.5.7 Processamento morfológico:

Utiliza ferramentas para extrair elementos de imagem que são úteis na representação e descrição da forma.

3.5.8 Segmentação:

Significa subdividir uma imagem nas suas partes constituintes ou objectos, mas o reconhecimento bem sucedido depende de uma segmentação precisa.

3.5.9 Representação e descrição:

Depende sempre do resultado da segmentação e converte os dados para uma forma adequada ao processamento informático. As características seleccionadas são realçadas.

3.5.10 Reconhecimento:

É a última fase do processamento da imagem, atribuindo-lhe uma etiqueta em função dos seus descritores.

3.6 Esquemas de representação

De acordo com o número e a natureza dos valores dos píxeis, as imagens digitais podem ser classificadas da seguinte forma:

- Binário
- Escala de cinzentos
- Cor

3.6.1 Imagem binária

Existem dois valores possíveis para cada pixel numa imagem binária. A cor utilizada para o(s) objeto(s) na imagem é a cor de primeiro plano, enquanto o resto da imagem é a cor de fundo.

As imagens binárias são também designadas por imagens de dois níveis. Refere-se ao facto de cada pixel ser armazenado como um único bit (0 ou 1). O "0" representa a cor preta e o "1" representa a cor branca. A designação imagem binária a preto e branco é a mesma que uma imagem no modo "Bitmap".

No processamento digital de imagens, as imagens binárias são utilizadas como máscaras para a segmentação e a operação de limiarização. Nos dispositivos de entrada/saída, como as impressoras a laser e os aparelhos de fax, é possível tratar imagens de dois níveis.

3.6.1.1 Vantagens

- É fácil de obter. Pode ser aplicado com êxito a imagens de nível cinzento.
- Pode ser armazenado em memória de baixa capacidade. Necessita de um bit por pixel.
- Os seus algoritmos são, na maioria dos casos, muito mais fáceis do que os aplicados às imagens de nível de cinzento.

3.6.1.2 Desvantagens

- Aplicação restrita: A aplicação é limitada a tarefas em que o pormenor interno não é necessário como caraterística distintiva.
- O 3D não pode ser alargado: A natureza 3D dos objectos raramente pode ser representada.
- É necessária uma iluminação especializada para as silhuetas: as imagens binárias não são fiáveis.

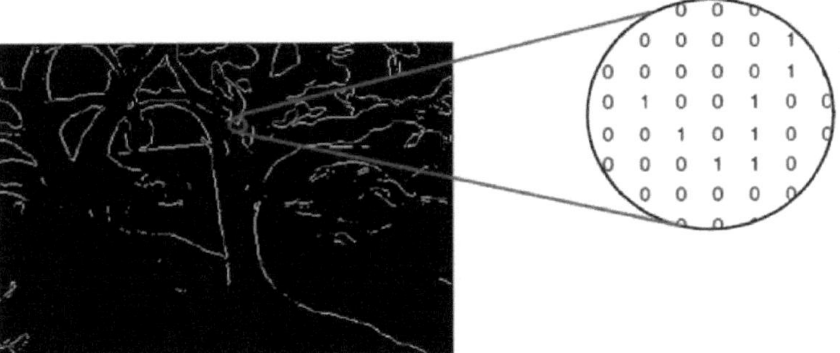

Figura -15: Imagem binária

3.6.2 Imagem em escala de cinzentos

Uma imagem é designada por imagem digital em escala de cinzentos, na qual o valor de cada pixel é uma única amostra. Apenas contém informação de intensidade. As imagens, também conhecidas como a preto e branco, são fixadas exclusivamente em tons de cinzento. O preto representa a intensidade mais fraca e o branco representa a intensidade mais forte.

As imagens em tons de cinzento são diferentes das imagens a preto e branco de um bit. Numa imagem de computador, existem duas cores, preto e branco (também chamadas imagens de dois níveis ou binárias). As imagens em escala de cinzentos têm muitos tons de cinzento e são também chamadas monocromáticas, o que denota a ausência de qualquer variação cromática

Numa única banda do espetro eletromagnético (por exemplo, infravermelhos, luz visível, ultravioleta, etc.), as imagens em escala de cinzentos são frequentemente o resultado da medição da intensidade da luz em cada pixel. E, nesses casos, são monocromáticas quando apenas uma determinada frequência é recebida. Mas também podem ser ajustadas a partir de uma imagem a cores. Geralmente, uma imagem em tons de cinzento tem 256 valores de cinzento (representação de 8 bits).

Figura -16: Imagem em escala de cinzentos

3.6.3 Imagem a cores

Uma imagem é designada por imagem a cores que envolve informação de cor para cada pixel. Para obter resultados visualmente aceitáveis, são utilizados três canais de cor para cada pixel, que são explicados como coordenadas num espaço de cor, como RGB, HSV, etc. Nas imagens a cores RGB, existem 256 valores de cinzento para cada cor. Uma imagem a cores necessita de um mapa raster na memória para ser armazenada. Uma matriz bidimensional necessita de três mapas de varrimento separados, um para cada canal.

Figura -17: Imagem a cores

3.7 Aplicações do processamento de imagens

- Criminologia: registo, deteção e reconhecimento do rosto humano, identificação de impressões digitais, análise dermatoglífica, investigação forense, etc.
- Tecnologias da informação: transmissão de imagens por fax, videoconferência e videofones, etc.
- Entretenimento e eletrónica de consumo: HDTV; multimédia e edição de vídeo; etc.
- Aplicações científicas: física de altas energias, câmara de bolhas e outras formas de análise de trajectos, etc.
- Aplicações militares: orientação e deteção de mísseis; identificação de alvos; navegação de veículos sem piloto; reconhecimento; localização de distâncias; etc.
- Biomédica: análise de ECG, EEG; aplicação citológica, histológica e estereológica, radiologia automatizada e análise de imagens de raios X; rastreio em massa de imagens médicas, tais como lâminas de cromossomas para deteção de várias doenças, mamografias, esfregaços de cancro; imagens de TAC, RMN, PET e outras imagens topográficas; rastreio de rotina de amostras; reconstrução e análise de cenas 3D, etc.
- Impressão e artes gráficas: fidelidade da cor na edição eletrónica; conservação e divulgação da arte; etc.
- Automação industrial: inspeção automática de peças industriais; ensaios não destrutivos; montagem automática; processo relacionado com o fabrico de VLSI; verificação de PCB; robótica; exploração de petróleo e gás natural; sismografia; aplicação de controlo de processos; etc.
- Meteorologia: previsão meteorológica a curto prazo, deteção de alterações climáticas a longo prazo a partir de dados de satélite e outros dados de teledeteção; análise de padrões de nuvens, etc.

CAPÍTULO 4
COMPRESSÃO DE IMAGEM DIGITAL

4.1 Compressão e redundância de dados

A compressão de dados é definida como o processo de codificação de dados utilizando uma representação que reduz o tamanho total dos dados. Esta redução é possível quando o conjunto de dados original contém algum tipo de redundância. A compressão de imagens digitais é um domínio que estuda métodos para reduzir o número total de bits necessários para representar uma imagem. Isto pode ser conseguido através da eliminação de vários tipos de redundância que existem nos valores dos pixéis. Em geral, existem três redundâncias básicas nas imagens digitais.

4.1.1 Redundância psico-visual:

Trata-se de uma redundância que corresponde a diferentes sensibilidades dos olhos humanos a todos os sinais de imagem. Por conseguinte, a eliminação de algumas formações menos importantes no nosso processamento visual pode ser aceitável.

4.1.2 Redundância interpixel:

É uma redundância que corresponde a dependências estatísticas entre pixéis, especialmente entre pixéis vizinhos.

4.1.3 Redundância de codificação:

A imagem não comprimida é normalmente codificada com cada pixel com um comprimento fixo. Por exemplo, uma imagem com 256 escalas de cinzentos é representada por uma matriz de números inteiros de 8 bits. A utilização de alguns esquemas de código de comprimento variável, como a codificação Huffman e a codificação aritmética, pode produzir compressão. Existem diferentes métodos para lidar com os diferentes tipos de redundâncias supramencionadas. Por conseguinte, um compressor de imagem utiliza frequentemente um algoritmo de vários passos para reduzir estas redundâncias.

4.2 Métodos de compressão

Durante as duas últimas décadas, foram desenvolvidos vários métodos de compressão para dar resposta aos principais desafios enfrentados pela imagem digital. Estes métodos de compressão podem ser classificados, em termos gerais, em compressão com ou sem perdas.

A compressão com perdas pode atingir um rácio de compressão elevado, 50:1 ou superior, uma vez que permite alguma degradação aceitável. No entanto, não pode recuperar completamente os dados originais. Por outro lado, a compressão sem perdas pode recuperar completamente os dados originais, mas reduz o rácio de compressão para cerca de 2:1. Nas aplicações médicas, a compressão sem perdas tem sido um requisito, uma vez que facilita o diagnóstico exato devido à ausência de degradação da imagem original.

Além disso, existem várias questões legais e regulamentares que favorecem a compressão sem perdas em aplicações médicas.

4.2.1 Métodos de compressão com perdas

Geralmente, a maioria dos compressores com perdas são algoritmos de três passos, cada um dos quais está de acordo com os três tipos de redundância acima referidos.

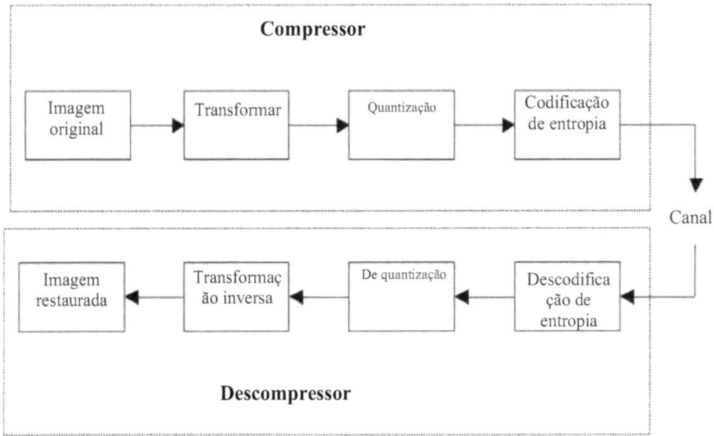

Figura -18: Métodos de compressão com perdas

A primeira fase é uma transformação para eliminar a redundância interpixel para empacotar a informação de forma eficiente.

Em seguida, é aplicado um quantizador para remover a redundância psico-visual, de modo a representar a informação compactada com o menor número possível de bits. Os bits quantizados são então codificados de forma eficiente para obter mais compressão a partir da redundância de codificação.

4.2.1.1   Quantização

A quantização é um mapeamento de muitos para um que substitui um conjunto de valores por apenas um valor representativo. A quantização escalar e a quantização vetorial são dois tipos básicos de quantização. SQ (quantização escalar) efectua um mapeamento de muitos para um em cada valor. A VQ (quantização vetorial) substitui cada bloco de pixéis de entrada pelo índice de um vetor no livro de códigos, que está próximo do vetor de entrada utilizando algumas medidas de proximidade. O descodificador recebe simplesmente cada índice e procura o vetor correspondente no livro de códigos.

4.2.1.2   Codificação de transformação

A codificação por transformação é um esquema geral para a compressão de imagens com perdas. Utiliza uma transformação reversível e linear para descorrelacionar a imagem original num conjunto de coeficientes no domínio da transformação. Os coeficientes são então quantizados e codificados sequencialmente no domínio da transformação. Numerosas transformadas são utilizadas numa variedade de aplicações. A KLT discreta (transformada de Karhunen - Loeve), que se baseia na transformada de Hotelling, é óptima devido às suas propriedades de empacotamento de informação, mas normalmente não é prática, uma vez que é difícil de calcular. A DFT (transformada discreta de Fourier) e a DCT (transformada discreta de cosseno) aproximam-se da eficiência de empacotamento de energia da KLT e têm uma implementação mais eficiente. Na prática, a DCT é utilizada pela maioria dos sistemas de transformação práticos, uma vez que os coeficientes da DFT requerem o dobro do espaço de armazenamento dos coeficientes da DCT.

4.3   Codificação por transformação de bloco

5   A fim de simplificar os cálculos, a codificação por transformação de blocos explora a correlação dos pixéis num certo número de pequenos blocos que dividem a imagem original. Como resultado, cada bloco é transformado, quantizado e codificado separadamente. Esta técnica, que utiliza blocos quadrados de 8*8 pixéis e a DCT seguida de codificação Huffman ou aritmética, é utilizada no projeto de norma internacional ISO JPEG (joint photographic expert group) para compressão de imagens. A desvantagem deste esquema é o aparecimento de artefactos de bloqueio (ou mosaico) a elevadas taxas de compressão.

Desde a adoção da norma JPEG, o algoritmo tem sido objeto de uma investigação considerável. Collins et. al. estudaram os efeitos de um esquema de compressão de imagens com perdas 10:1 baseado no JPEG, com modificações para reduzir os artefactos de bloqueio. Baskurtet .al. utilizaram um algoritmo semelhante ao JPEG para comprimir mamografias com uma taxa de bits tão baixa como 0,27 bpp (bits por pixel), mantendo a capacidade de deteção de patologias pelos radiologistas. Kostas et. al. utilizaram o JPEG modificado para utilização com imagens de 12 bits e tabelas de quantização personalizadas para comprimir mamografias e radiografias torácicas.

Além disso, o comité JPEG da ISO está atualmente a desenvolver uma nova norma de compressão de imagens fixas, denominada JPEG-2000, que deverá ser lançada no mercado até ao final do ano 2000. A nova norma JPEG-2000 é baseada em decomposições wavelet combinadas com estratégias de quantização e codificação mais poderosas, tais como quantização embutida e aritmética baseada no contexto. Esta norma oferece inúmeras vantagens em relação à atual norma JPEG. Os ganhos de desempenho incluem uma maior eficiência de compressão a baixas taxas de bits para imagens de grandes dimensões, enquanto as novas funcionalidades incluem a representação de várias resoluções, escalabilidade e arquitetura de fluxo de bits incorporado, progressão com perdas para sem perdas, codificação ROI (região de interesse) e um formato de ficheiro rico.

5.3 Métodos de compressão sem perdas

6   Os compressores sem perdas (Figura-19) são normalmente algoritmos de dois passos. O primeiro passo transforma a imagem original num outro formato em que a redundância interpixel é reduzida. A segunda etapa utiliza um codificador de entropia para remover a redundância de codificação. O descompressor sem perdas é um processo inverso perfeito do compressor sem perdas.

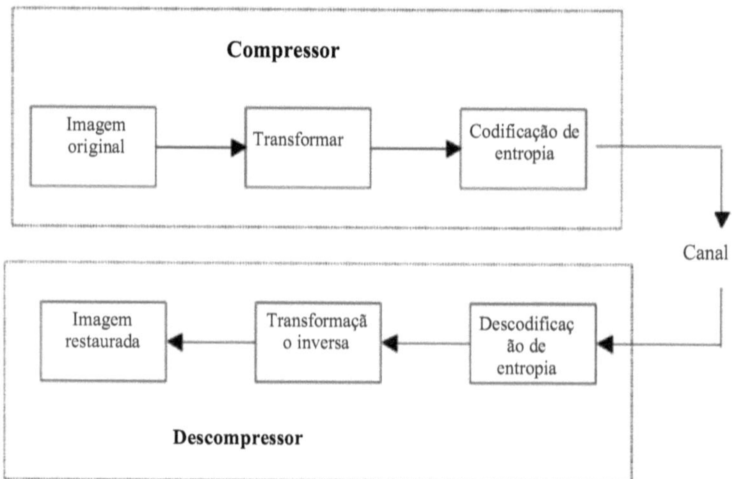

Figura -19: Métodos de compressão sem perdas

Aqui, resumimos os métodos de compressão sem perdas em quatro categorias.

6.3.1 Codificação do comprimento de execução

A codificação do comprimento de execução substitui os dados por um par (comprimento, valor), em que "valor" é o valor repetido e "comprimento" é o número de repetições. Esta técnica é especialmente bem sucedida na compressão de imagens de dois níveis, uma vez que a ocorrência de uma longa série de um valor é rara em imagens normais de escala de cinzentos. Uma solução para este problema consiste em decompor a imagem em escala de cinzentos em planos de bits e comprimir cada plano de bits separadamente. O método de codificação de comprimento de execução eficiente é uma das variações da codificação de comprimento de execução.

6.3.2 Codificação preditiva sem perdas

A codificação preditiva sem perdas prevê o valor de cada pixel utilizando os valores dos seus pixels vizinhos. Por conseguinte, cada pixel é codificado com um erro de previsão em vez do seu valor original. Normalmente, os erros são muito mais pequenos em comparação com o valor original, pelo que são necessários menos bits para os armazenar.

Uma variação da codificação preditiva sem perdas é a predição adaptativa, que divide a imagem em blocos e calcula os coeficientes de predição independentemente para cada bloco, de modo a obter um elevado desempenho de predição. Também pode ser combinada com outros métodos para obter um algoritmo de codificação híbrido com melhor desempenho.

6.3.3 Codificação de entropia

A entropia representa a dimensão mínima do conjunto de dados necessária para transmitir uma determinada quantidade de informação. A codificação de Huffman, a codificação LZ (Lempel-Ziv) e a codificação aritmética são os esquemas de codificação de entropia comummente utilizados.

6.3.4 Codificação Huffman

A codificação Huffman utiliza um código de comprimento variável em que as palavras de código curtas são atribuídas a valores ou símbolos mais comuns nos dados e as palavras de código mais longas são atribuídas a valores que ocorrem com menos frequência.

6.4 Medições para métodos de compressão:

6.4.1 Medições para métodos de compressão com perdas

Os métodos de compressão com perdas resultam em alguma perda de qualidade nas imagens comprimidas. Trata-se de um compromisso entre a distorção da imagem e o rácio de compressão. Algumas medidas de distorção são frequentemente utilizadas para quantificar a qualidade da imagem reconstruída, bem como o rácio de compressão (o rácio entre o tamanho da imagem original e o tamanho da imagem comprimida). As medidas de distorção objectivas normalmente utilizadas, que derivam de termos estatísticos, são o RMSE (root mean square error), o NMSE (normalized mean square error) e o PSNR (peak signal - to noise ratio).

Estas medidas são definidas da seguinte forma:

$$RMSE = \sqrt{\frac{1}{N*M} \sum_{i=0}^{N-1} \sum_{j=0}^{M-1} [f(i,j) - f'(i,j)]^2}$$

$$NMSE = \sum_{i=0}^{N-1} \sum_{j=0}^{M-1} [f(i,j) - f'(i,j)]^2 \Bigg/ [\sum_{i=0}^{N-1} \sum_{j=0}^{M-1} f(i,j)]^2$$

$$PSNR = 20 * \log_{10}(\frac{255}{RMSE})$$

Quando as imagens têm N*M pixéis (8 bits por pixel), f (i,j) representa a imagem original e f' (i,j) representa a imagem reconstruída após a descompressão por compressão. Ao comparar dois métodos de codificação com perdas, podemos comparar as qualidades das imagens reconstruídas a uma taxa de bits constante ou, de forma equivalente, podemos comparar as taxas de bits utilizadas em duas construções com a mesma qualidade, se tal for possível.

6.4.2 Medições para métodos de compressão sem perdas

Os métodos de compressão sem perdas não provocam qualquer perda nas imagens comprimidas, pelo que podem restaurar perfeitamente as imagens originais quando se aplica um processo reversível. A medida frequentemente utilizada na compressão sem perdas é a taxa de compressão.

Esta medida pode ser enganadora, uma vez que depende do formato de armazenamento de dados e da densidade de amostragem. Por exemplo, as imagens médicas que contêm 12 bits de informação útil por pixel são frequentemente armazenadas com 16 bpp.

Uma melhor medida da compressão é a taxa de bits devido à sua independência do formato de armazenamento de dados. Uma taxa de bits mede o número médio de bits utilizados para representar cada pixel da imagem numa forma comprimida. As taxas de bits são medidas em bpp, em que uma taxa de bits inferior corresponde a uma maior quantidade de compressão.

6.5 Vantagens e desvantagens da compressão de imagens

6.5.1 Vantagens:

- O formato de imagem tem sido utilizado desde há muito tempo e é extremamente portátil.
- O formato da imagem é compatível com quase todas as aplicações de processamento de imagem.
- O formato da imagem é compatível com a maior parte dos dispositivos de hardware, por exemplo, impressoras, etc. Por conseguinte, é muito fácil imprimir as imagens em formato JPEG.
- O formato JPEG pode ser utilizado para armazenar imagens de alta resolução em movimento rápido que ficariam desfocadas noutros formatos de imagem devido ao seu pequeno tamanho.
- O tamanho das imagens JPEG pode ser reduzido e comprimido, o que torna este formato de ficheiro adequado para a transferência de imagens através da Internet, uma vez que consome menos largura de banda. Uma imagem JPEG pode ser comprimida até 5% do seu tamanho original.

6.5.2 Desvantagens

- A técnica de compressão é uma compressão com perdas. A compressão com perdas significa que, depois de a imagem ser comprimida no formato JPEG, perde determinados conteúdos reais da imagem.
- A qualidade da imagem é reduzida após a compressão devido à perda do conteúdo real da imagem.
- A compressão de imagens não é adequada para imagens com arestas e linhas nítidas. O formato de imagem JPEG não é capaz de lidar com imagens gráficas animadas.
- As imagens JPEG não suportam imagens em camadas. O designer gráfico precisa de trabalhar com imagens em camadas para manipular e editar imagens gráficas, o que não é possível com imagens JPEG.
- Apenas as imagens de 8 bits são suportadas pelo formato JPEG. Por outro lado, as câmaras digitais modernas de alta resolução suportam imagens de 10, 12, 14 ou 16 bits. Se estas imagens forem armazenadas no formato JPEG, é eliminada informação adicional, o que resulta numa diminuição da qualidade da imagem.

CAPÍTULO 5
TRANSFORMADAS DISCRETAS DE COSSENO

5.1 Transformação DCT

A técnica mais popular para a compressão de imagens, ao longo dos últimos anos, foi a transformada discreta do cosseno (DCT). A sua seleção como padrão para o JPEG é uma das principais razões para a sua popularidade [8]. A DCT é utilizada por muitas aplicações não analíticas, como o processamento de imagens e aplicações DSP de processamento de sinais, como a videoconferência. A DCT é utilizada na transformação para compressão de dados. A DCT é uma transformação ortogonal, que tem um conjunto fixo de funções de base. A DCT é utilizada para mapear um espaço de imagem numa frequência. A DCT tem muitas vantagens: (1) tem a capacidade de acumular energia nas frequências mais baixas dos dados de imagem. (2) Tem a capacidade de reduzir o efeito de artefacto de bloqueio e este efeito resulta do facto de os limites entre subimagens se tornarem visíveis.

Após a conversão das coordenadas de cor, o passo seguinte consiste em dividir os três componentes de cor da imagem em vários blocos 8x8. Para uma imagem de 8 bits, no bloco original, cada elemento cai no intervalo [0,255]. O intervalo de dados centrado em zero é produzido após a subtração do ponto médio do intervalo (o valor 128) de cada elemento do bloco original, de modo a que o intervalo modificado seja deslocado de [0,255] para [128,127]. As imagens são separadas em partes de diferentes frequências pela DCT. A etapa de quantização elimina as frequências menos importantes e a etapa de descompressão utiliza as frequências importantes para recuperar a imagem.

Esta equação dá a transformação 2D_DCT direta:

$$F(u,v) = \frac{2}{N}C(u)C(v)\sum_{x=0}^{N-1}\sum_{y=0}^{N-1} f(x,y)\cos\left[\frac{\pi(2x+1)u}{2N}\right]\cos\left[\frac{\pi(2y+1)v}{2N}\right]$$

for $u = 0,\ldots,N-1$ and $v = 0,\ldots,N-1$

where $N = 8$ and $C(k) = \begin{cases} 1/\sqrt{2} & \text{for } k = 0 \\ 1 & \text{otherwise} \end{cases}$

Esta equação fornece a transformação inversa 2D_DCT:

$$f(x,y) = \frac{2}{N}\sum_{u=0}^{N-1}\sum_{v=0}^{N-1} C(u)C(v)F(u,v)\cos\left[\frac{\pi(2x+1)u}{2N}\right]\cos\left[\frac{\pi(2y+1)v}{2N}\right]$$

for $x = 0,\ldots,N-1$ and $y = 0,\ldots,N-1$ where $N = 8$

Após a transformação dct, o "coeficiente DC" é o elemento no canto superior esquerdo correspondente a (0,0) e os restantes coeficientes são designados por "coeficientes AC".

Quantização em JPEG:

$$F(u,v)_{Quantization} = round\left(\frac{F(u,v)}{Q(u,v)}\right)$$

$$F(u,v)_{deQ} = F(u,v)_{Quantization} \times Q(u,v)$$

Na realidade, deitamos fora dados através do passo de Quantização [8]. Obtemos a quantização dividindo a matriz DCT da imagem transformada pela matriz de quantização utilizada. Os valores da matriz resultante são então arredondados.

A quantização tem por objetivo reduzir a zero a maioria dos coeficientes DCT de alta frequência menos importantes; quanto mais zeros, melhor será a compressão da imagem. As frequências mais baixas são utilizadas para reconstruir a imagem porque o olho humano é mais sensível a elas e as frequências mais altas são eliminadas. As matrizes (8) e (9) definem a matriz Q para os componentes de luminância e crominância

$$Q_Y = \begin{pmatrix} 16 & 11 & 10 & 16 & 24 & 40 & 51 & 61 \\ 12 & 12 & 14 & 19 & 26 & 58 & 60 & 55 \\ 14 & 13 & 16 & 24 & 40 & 57 & 69 & 56 \\ 14 & 17 & 22 & 29 & 51 & 87 & 80 & 62 \\ 18 & 22 & 37 & 56 & 68 & 109 & 103 & 77 \\ 24 & 35 & 55 & 64 & 81 & 104 & 113 & 92 \\ 49 & 64 & 78 & 87 & 103 & 121 & 120 & 101 \\ 72 & 92 & 95 & 98 & 112 & 100 & 103 & 99 \end{pmatrix} \qquad (8)$$

$$Q_C = \begin{pmatrix} 17 & 18 & 24 & 47 & 99 & 99 & 99 & 99 \\ 18 & 21 & 26 & 66 & 99 & 99 & 99 & 99 \\ 24 & 26 & 56 & 99 & 99 & 99 & 99 & 99 \\ 47 & 66 & 99 & 99 & 99 & 99 & 99 & 99 \\ 99 & 99 & 99 & 99 & 99 & 99 & 99 & 99 \\ 99 & 99 & 99 & 99 & 99 & 99 & 99 & 99 \\ 99 & 99 & 99 & 99 & 99 & 99 & 99 & 99 \\ 99 & 99 & 99 & 99 & 99 & 99 & 99 & 99 \end{pmatrix} \qquad (9)$$

Após a quantização, a sequência em "ziguezague" ordena todos os coeficientes quantizados como se mostra na figura seguinte. Na sequência em "ziguezague", codificam-se primeiro os coeficientes com frequências mais baixas (tipicamente com valores mais elevados) e depois as frequências mais elevadas (tipicamente zero ou quase zero). O resultado é uma sequência alargada de bytes de dados semelhantes, permitindo uma codificação entropia eficiente.

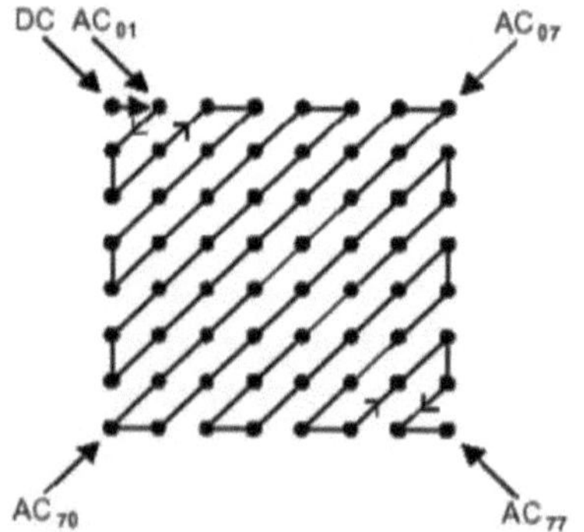

Figura: Sequenciação em ziguezague

Descompressão:

A fase de compressão é invertida no processo de descompressão, e na ordem inversa.

CAPÍTULO 6
METODOLOGIA PROPOSTA

O objetivo do método proposto neste documento é conceber um esquema de compressão de imagens sem perdas eficiente e eficaz. Esta secção trata da conceção de um método de compressão de imagens sem perdas. O método proposto baseia-se no algoritmo DCT e numa técnica de correção de erros, a fim de melhorar o rácio de compressão da imagem em comparação com outras técnicas de compressão constantes da revisão da literatura. O método proposto permite comprimir a imagem com um bom rácio de compressão.

No método DCT, a imagem é dividida em pequenos blocos e, em seguida, a DCT é aplicada em cada bloco. A aplicação da DCT converte cada valor de pixel no domínio da frequência. A DCT converte os valores dos pixéis no domínio da frequência de forma a que as frequências baixas fiquem no canto superior esquerdo e as frequências mais altas no canto inferior direito. Em seguida, procede-se à quantização para que os coeficientes DCT se tornem números inteiros, uma vez que foram escalados por um fator de escala. Aplicando a transformada de cosseno discreta inversa (IDCT), as imagens originais podem ser reconstruídas.

A transformada discreta do cosseno (DCT) representa uma imagem como uma soma de sinusóides de magnitudes e frequências variáveis. A função dct2 calcula a transformada de cosseno discreta (DCT) bidimensional de uma imagem. A DCT tem a propriedade de, para uma imagem típica, a maior parte da informação visualmente significativa sobre a imagem estar concentrada em apenas alguns coeficientes da DCT. Por este motivo, a DCT é frequentemente utilizada em aplicações de compressão de imagem.

A DCT é utilizada no algoritmo de compressão de imagem JPEG. A imagem de entrada é dividida em blocos de 8 por 8 ou 16 por 16, e a DCT bidimensional é calculada para cada bloco. Os coeficientes DCT são então quantizados, codificados e transmitidos. O recetor JPEG descodifica os coeficientes DCT quantizados, calcula a DCT bidimensional inversa de cada bloco e volta a juntar os blocos numa única imagem. Para imagens típicas, muitos dos coeficientes DCT têm valores próximos de zero. Estes coeficientes podem ser eliminados sem afetar seriamente a qualidade da imagem reconstruída.

6.2 Vista de orientação do método proposto.

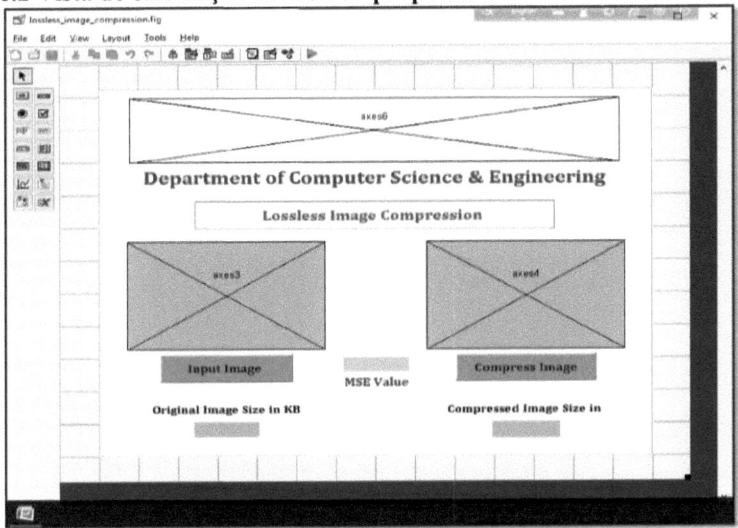

Figura -20: Conceção do guia dos nossos métodos de compressão.

6.3 Interface gráfica do utilizador (GUI) em MATLAB:

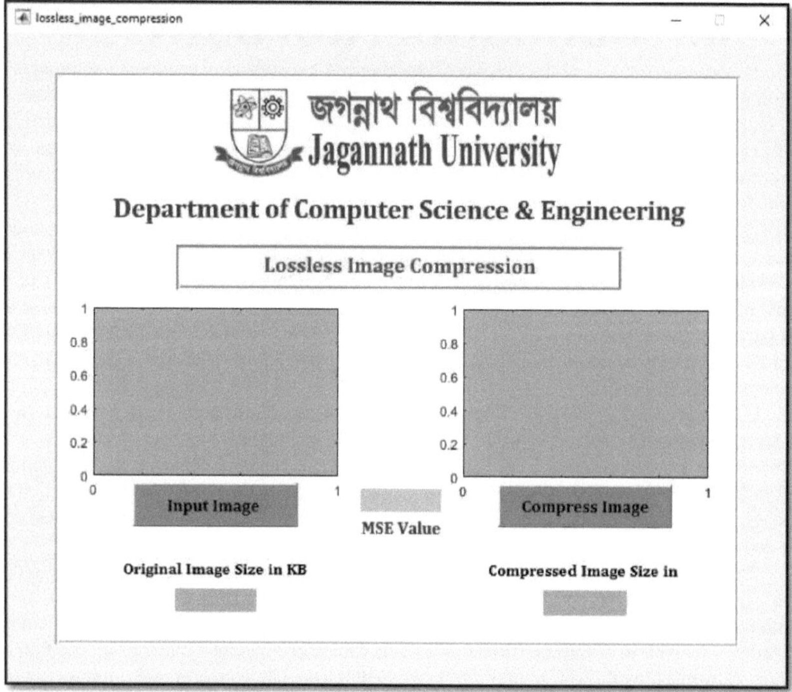

Figura -21: estado de funcionamento da nossa interface gráfica do utilizador (GUI).

6.4 Fluxograma do método proposto.

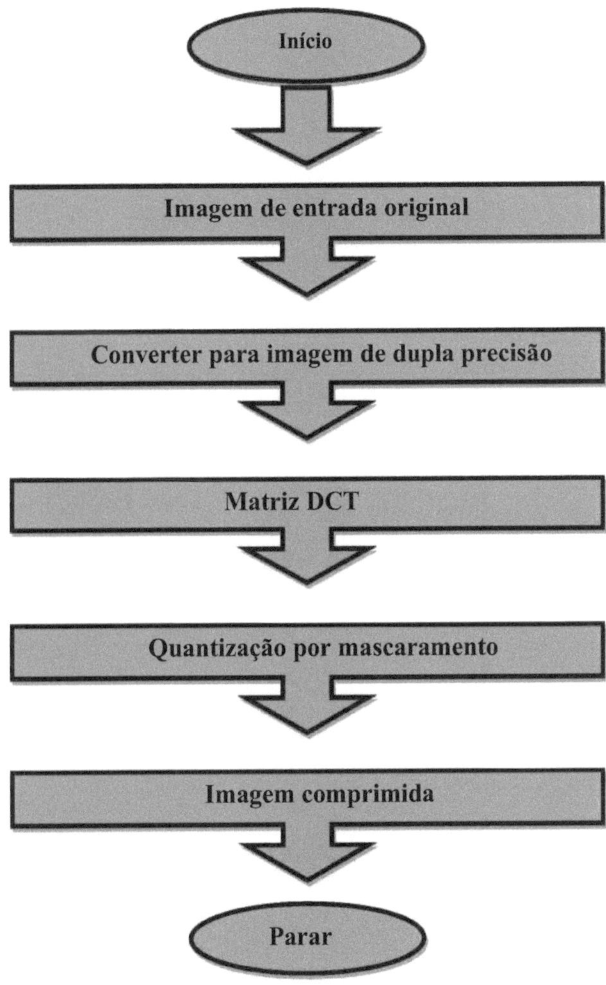

Figura 22: Fluxograma do método proposto

6.5 Procedimento de trabalho

> A imagem de entrada é dividida em blocos de 8 por 8 ou 16 por 16.
> A DCT bidimensional é calculada para cada bloco.
> Os coeficientes DCT são então quantizados, codificados e transmitidos.
> O recetor JPEG / leitor de ficheiros descodifica os coeficientes DCT quantizados.
> Calcula a DCT bidimensional inversa de cada bloco.
> Em seguida, junta os blocos numa única imagem.

Para imagens típicas, muitos dos coeficientes DCT têm valores próximos de zero. Estes coeficientes podem ser eliminados sem afetar seriamente a qualidade da imagem reconstruída.

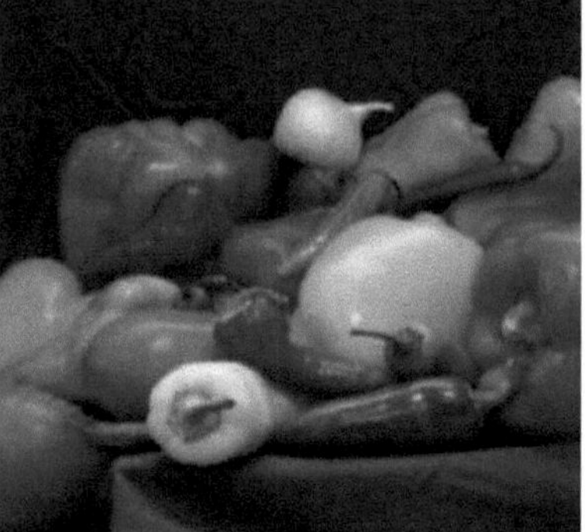

Figura-23: sample_image.jpg (tamanho 204,28 kb).

6.5.1 Passo 1 (Selecionar uma imagem de entrada):

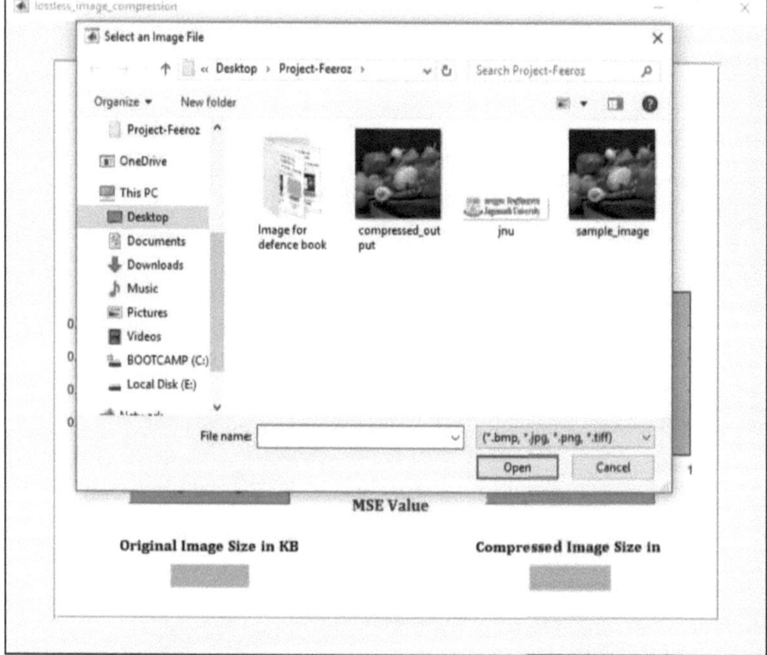

Figura-24: Interface gráfica do utilizador (GUI) para a imagem de entrada.

> Clique no botão Input Image (Imagem de entrada).
> Seleccione uma imagem de entrada navegando no armazenamento local que será lido pelo MATLAB.

Código back end para esta função:

```matlab
%-------------------------------------------------------------------------
%LOSSLESS IMAGE COMPRESSION CODE
%-------------------------------------------------------------------------
function varargout = lossless_image_compression(varargin)
gui_Singleton = 1;
gui_State = struct('gui_Name',       mfilename, ...
                   'gui_Singleton',  gui_Singleton, ...
                   'gui_OpeningFcn', @lossless_image_compression_OpeningFcn, ...
                   'gui_OutputFcn',  @lossless_image_compression_OutputFcn, ...
                   'gui_LayoutFcn',  [] , ...
                   'gui_Callback',   []);
if nargin && ischar(varargin{1})
    gui_State.gui_Callback = str2func(varargin{1});
end

if nargout
    [varargout{1:nargout}] = gui_mainfcn(gui_State, varargin{:});
else
    gui_mainfcn(gui_State, varargin{:});
end
%-------------------------------------------------------------------------
% End initialization code - DO NOT EDIT
% --- Executes just before lossless_image_compression is made visible.
% This function has no output args, see OutputFcn.
% hObject    handle to figure
% eventdata  reserved - to be defined in a future version of MATLAB
% handles    structure with handles and user data (see GUIDATA)
% varargin   command line arguments to lossless_image_compression (see VARARGIN)
% Choose default command line output for lossless_image_compression
%-------------------------------------------------------------------------
function lossless_image_compression_OpeningFcn(hObject, eventdata, handles, varargin
handles.output = hObject;
% Update handles structure
guidata(hObject, handles);
guidata(hObject, handles);
set(handles.axes1,'visible','off')
set(handles.axes2,'visible','off')
axis off
axis off

logo= imread('C:\Users\AFM Kamrul Hasan Fee\Desktop\Project-Lossless Image
Compression\jnu.jpg');
axes(handles.axes6);
imshow(logo);
%-------------------------------------------------------------------------
% UIWAIT makes lossless_image_compression wait for user response (see UIRESUME)
% uiwait(handles.figure1);
% --- Outputs from this function are returned to the command line.
% varargout  cell array for returning output args (see VARARGOUT);
% hObject    handle to figure
% eventdata  reserved - to be defined in a future version of MATLAB
% handles    structure with handles and user data (see GUIDATA)

% Get default command line output from handles structure
function varargout = lossless_image_compression_OutputFcn(hObject, eventdata,
handles)
varargout{1} = handles.output;

% --- Executes on button press in pushbutton1.
function pushbutton1_Callback(hObject, eventdata, handles)
global file_name;
file_name=uigetfile({'*.bmp;*.jpg;*.png;*.tiff;';'*.*'},'Select an Image File');
fileinfo = dir(file_name);
SIZE = fileinfo.bytes;
Size = SIZE/1024;
set(handles.text7,'string',Size);
imshow(file_name,'Parent', handles.axes3)
```

6.5.2 Passo-2 (Comprimir a imagem de entrada):

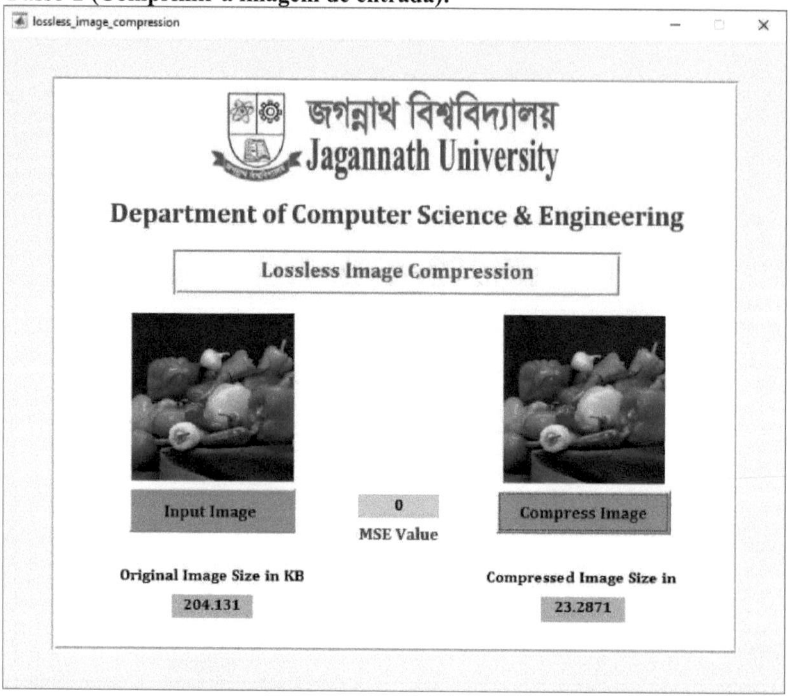

Figura 25: Interface gráfica do utilizador (GUI) para comprimir imagens.

> Clique no botão Comprimir imagem.

> De seguida, a imagem de entrada será comprimida utilizando o algoritmo DCT do MATLAB.

> Valor do erro mínimo quadrático (MSE) Representa o erro de compressão.

Código back end para esta função:

```matlab
73    I1 = imread(file_name);
74    %---------------------------------------------------------------
75    I = I1(:,:,1);
76    I = im2double(I);
77    T = dctmtx(8);
78    B = blkproc(I,[8 8],'P1*x*P2',T,T');
79    mask = [1   1   1   1   0   0   0   0
80            1   1   1   0   0   0   0   0
81            1   1   0   0   0   0   0   0
82            1   0   0   0   0   0   0   0
83            0   0   0   0   0   0   0   0
84            0   0   0   0   0   0   0   0
85            0   0   0   0   0   0   0   0
86            0   0   0   0   0   0   0   0];
87    B2 = blkproc(B,[8 8],'P1.*x',mask);
88    I2 = blkproc(B2,[8 8],'P1*x*P2',T',T);
89    %---------------------------------------------------------------
90    I = I1(:,:,2);
91    I = im2double(I);
92    T = dctmtx(8);
93    B = blkproc(I,[8 8],'P1*x*P2',T,T');
94    mask = [1   1   1   1   0   0   0   0
95            1   1   1   0   0   0   0   0
96            1   1   0   0   0   0   0   0
97            1   0   0   0   0   0   0   0
98            0   0   0   0   0   0   0   0
99            0   0   0   0   0   0   0   0
100           0   0   0   0   0   0   0   0
101           0   0   0   0   0   0   0   0];
102   B2 = blkproc(B,[8 8],'P1.*x',mask);
103   I3 = blkproc(B2,[8 8],'P1*x*P2',T',T);
104   %---------------------------------------------------------------
105   I = I1(:,:,3);
106   I = im2double(I);
107   T = dctmtx(8);
108   B = blkproc(I,[8 8],'P1*x*P2',T,T');
109   mask = [1   1   1   1   0   0   0   0
110           1   1   1   0   0   0   0   0
111           1   1   0   0   0   0   0   0
112           1   0   0   0   0   0   0   0
113           0   0   0   0   0   0   0   0
114           0   0   0   0   0   0   0   0
115           0   0   0   0   0   0   0   0
116           0   0   0   0   0   0   0   0];
117   B2 = blkproc(B,[8 8],'P1.*x',mask);
118   I4 = blkproc(B2,[8 8],'P1*x*P2',T',T);
119   %---------------------------------------------------------------
120   L(:,:,:)=cat(3,I2, I3, I4);
121   imwrite(L,'compressed_output.jpg','JPG');
122
123   fileinfo = dir('compressed_output.jpg');
124   SIZE = fileinfo.bytes;
125   Size = SIZE/1024;
126   set(handles.text8,'string',Size);
127   img= imread('compressed_output.jpg');
128   axes(handles.axes4);
129   imshow(img);
130   helpdlg('Image Compressed Successfully');
131   end;
132   %---------------------------------------------------------------
133
134
```

6.5.3 Teste de compressão sem perdas
6.5.3.1 Passos para testes sem perdas:
- Ler a imagem de entrada (imagem de amostra).
- Ler a imagem de saída (imagem comprimida).
- Calcular a diferença entre duas imagens.
- Limiar a diferença.

- Resumir a imagem.
- Mostrar o resultado do cálculo.

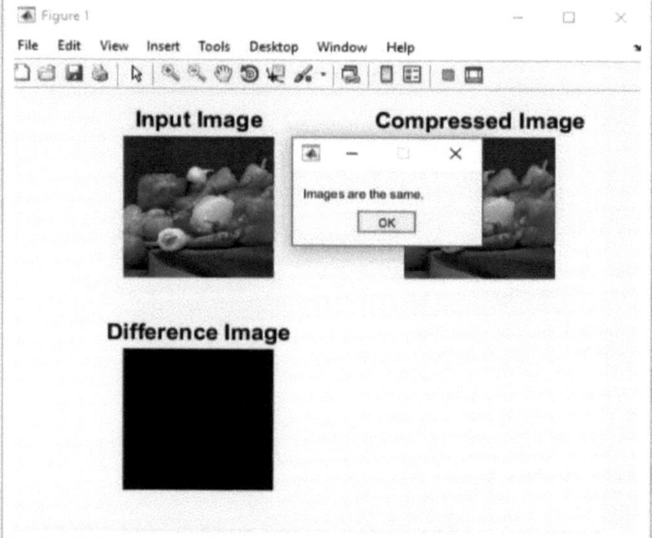

Figura 26: Teste de compressão sem perdas.

6.5.3.2 Validação do processo de teste com imagem de erro:

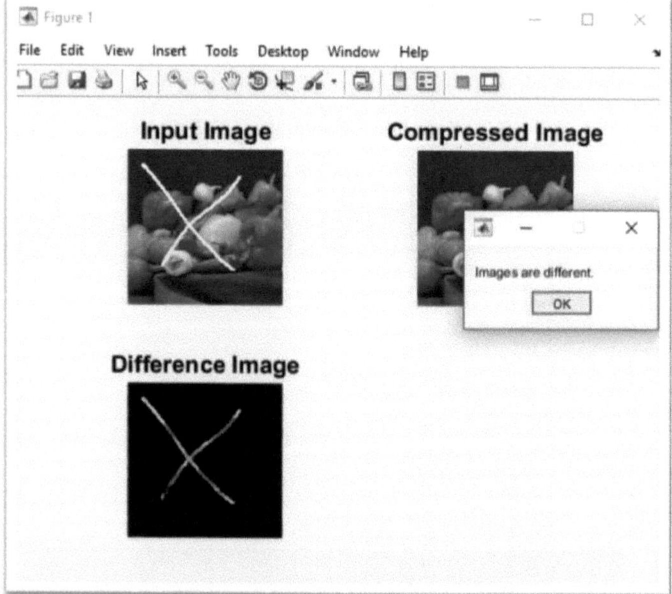

Figura 27: Teste de compressão sem perdas (com imagem de erro).

Código de back-end para testes de compressão sem perdas

```matlab
%-----------------------------------------------------------------------------
clear all;
clc; % CLEAR THE COMMAND WINDOW.
close all; % CLOSE ALL FIGURES
imtool close all; % CLOSE ALL IMTOOL FIGURES.
clear; % ERASE ALL EXISTING VARIABLES.
workspace; % MAKE SURE THE WORKSPACE PANEL IS SHOWING.
fontSize = 12;
%-----------------------------------------------------------------------------
% READ INPUT IMAGE
%-----------------------------------------------------------------------------
folder = 'C:\Project-Lossless Image Compression';
baseFileName = 'sample_image_error.jpg';
%baseFileName = 'sample_image.jpg';
fullFileName = fullfile(folder, baseFileName);
input_image = imread(fullFileName);

% DISPLAY THE ORIGINAL IMAGE.
subplot(2, 2, 1);
imshow(input_image, []);
title('INPUT IMAGE', 'FontSize', fontSize);
%-----------------------------------------------------------------------------
% READ OUTPUT IMAGE
%-----------------------------------------------------------------------------
compressed_image = imread('compressed_output.jpg');

% DISPLAY THE OUTPUT IMAGE.
subplot(2, 2, 2);
imshow(compressed_image, []);
title('COMPRESSED IMAGE', 'FontSize', fontSize);

%-----------------------------------------------------------------------------
% CALCULATE DIFFERENCE:
%-----------------------------------------------------------------------------
difference_Image = input_image - compressed_image;

% DISPLAY IT.
subplot(2, 2, 3);
imshow(difference_Image, []);
title('DIFFERENCE IMAGE', 'FontSize', fontSize);
%-----------------------------------------------------------------------------
% THRESHOLD THE DIFFERENCE.
%-----------------------------------------------------------------------------
thresholdedImage = difference_Image > 30;

%-----------------------------------------------------------------------------
% SUM UP THE IMAGE.
%-----------------------------------------------------------------------------
sumOfAllPixels = sum(sum(thresholdedImage));

% CHOOSE SOMETHING THAT WORKS FOR YOU.
minAllowableDifference = 1000;

%-----------------------------------------------------------------------------
% SHOW THE CALCULATION RESULT
%-----------------------------------------------------------------------------
if sumOfAllPixels > minAllowableDifference
    helpdlg('Images are different');
else
    helpdlg('Images are same');
end
%-----------------------------------------------------------------------------
% END
%-----------------------------------------------------------------------------
```

CAPÍTULO 7
ANÁLISE DE RESULTADOS

7.1 Experiência com diferentes amostras de imagens.
7.1.1 Resultado experimental (Amostra-1)

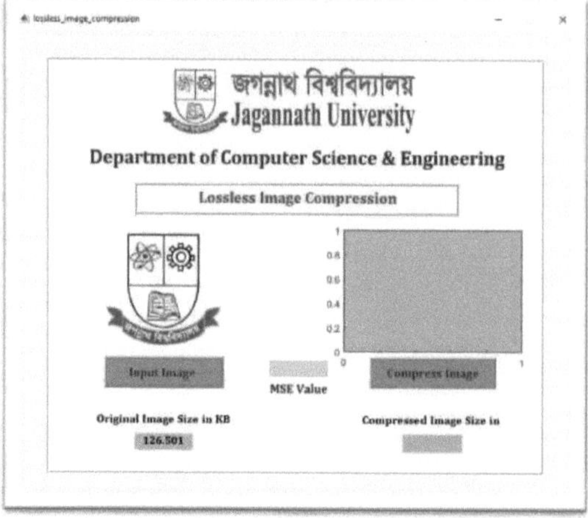

Figura-28: Experiência (Amostra-1)

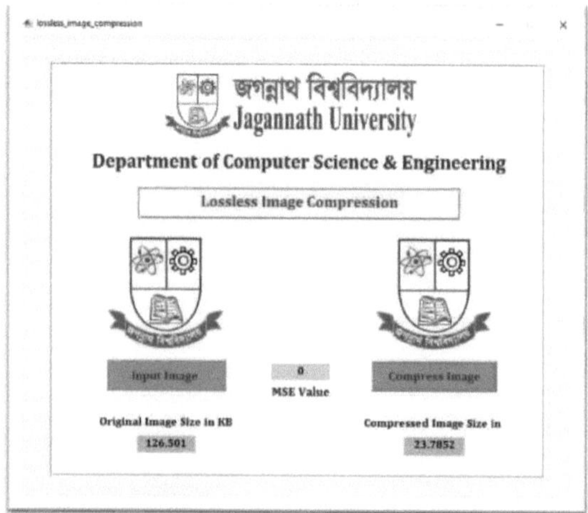

Figura-29: Resultado experimental (Amostra-1)

7.1.2 Resultado experimental (Amostra-2):

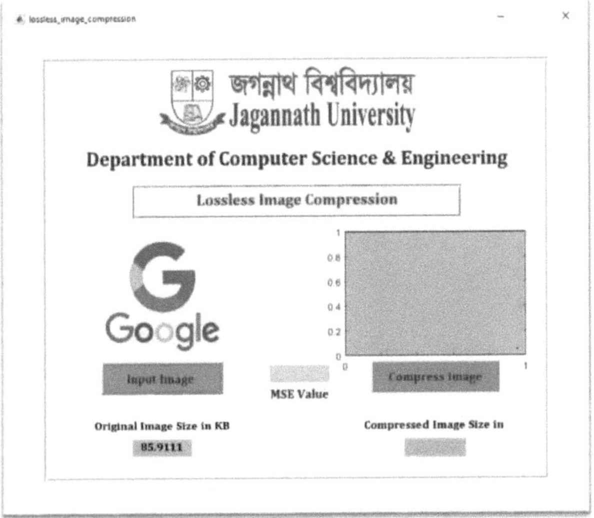

Figura 30: Experiência (Amostra-2)

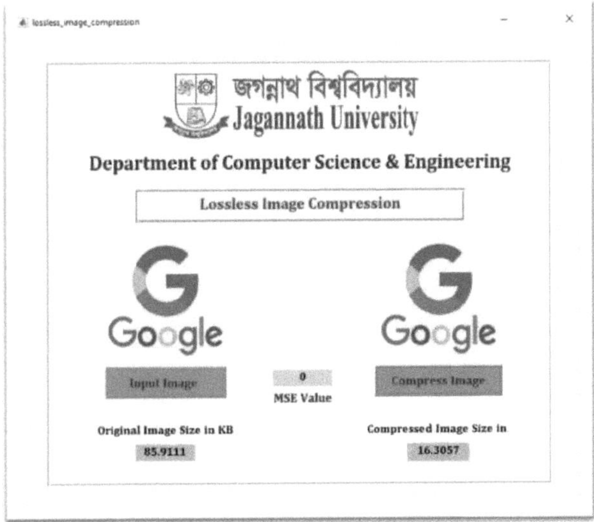

Figura 31: Resultado experimental (Amostra-2)

7.1.3 Resultado experimental (Amostra-3):

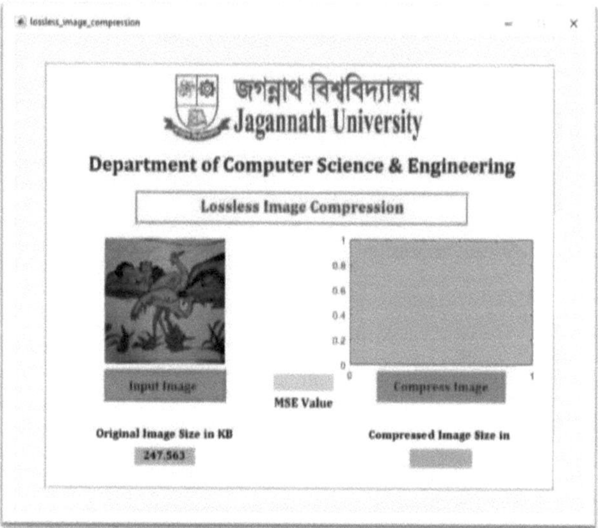

Figura-32: Experiência (Amostra-3)

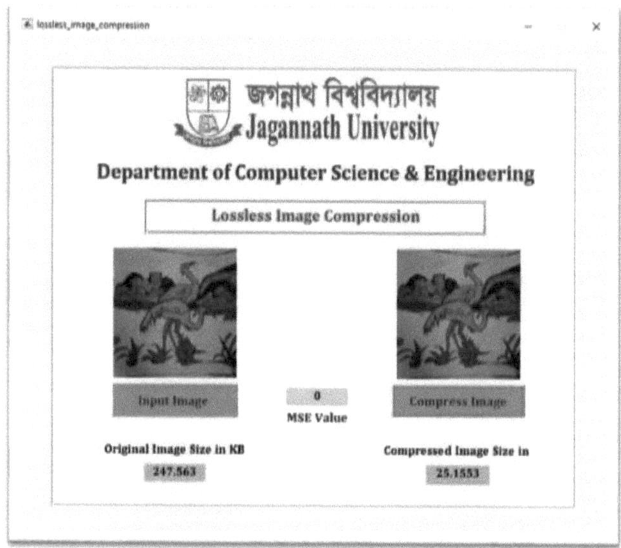

Figura-33: Resultado experimental (Amostra-3)

7.1.4 Resultado experimental (Amostra-4):

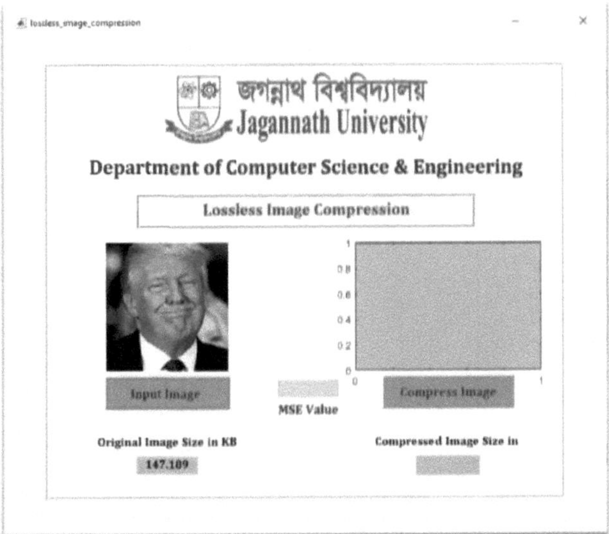

Figura-34: Experiência (Amostra-4)

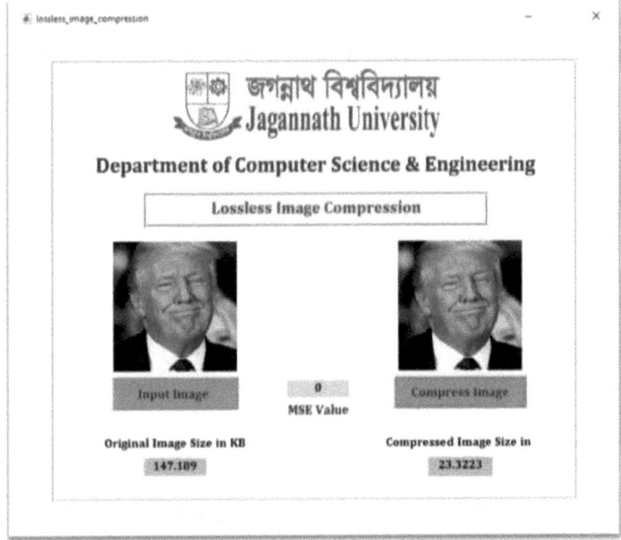

Figura 35: Resultado experimental (Amostra-4)

7.1.5 Resultado experimental (Amostra-5):

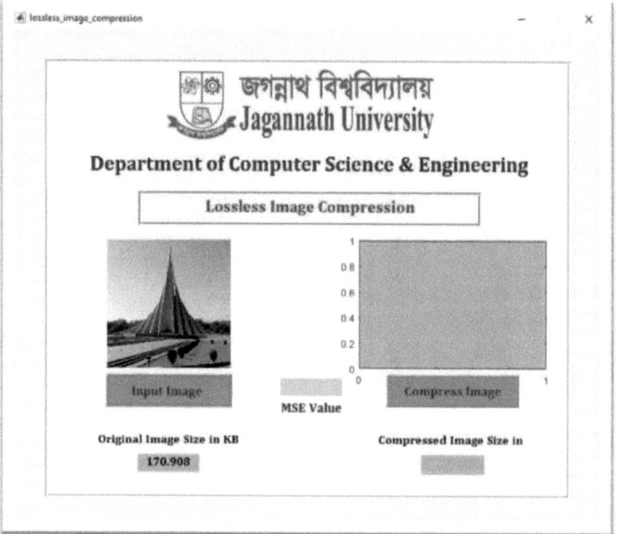

Figura-36: Experiência (Amostra-5)

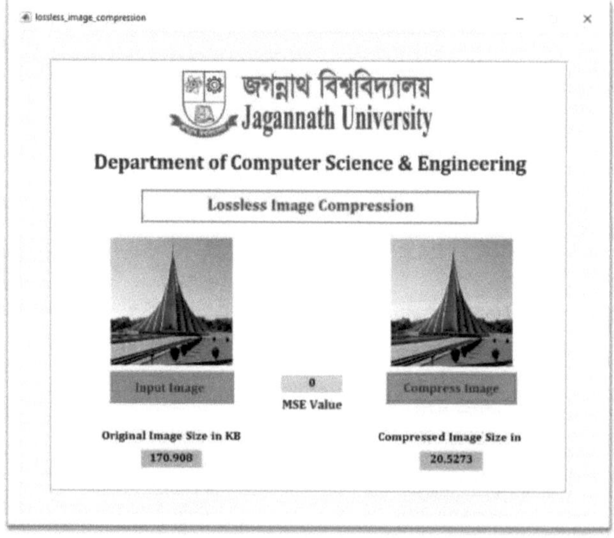

Figura-37: Resultado experimental (Amostra-5)

7.1.6 Resultado experimental (Amostra-6):

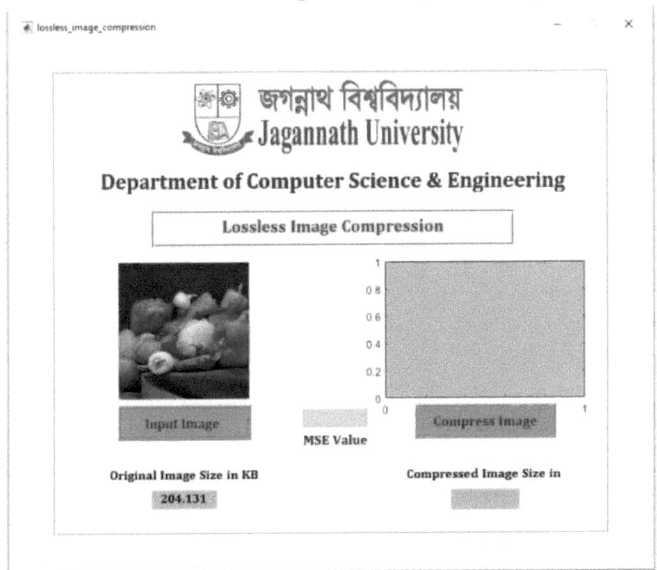

Figura-38: Experiência (Amostra-6)

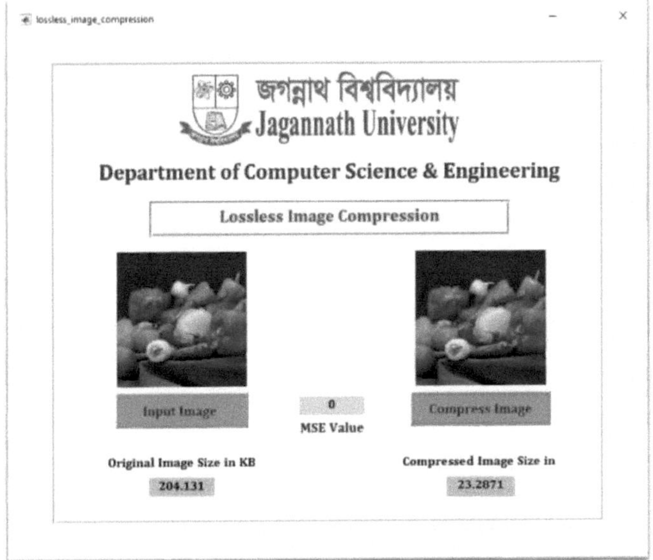

Figura-39: Resultado experimental (Amostra-6)

7.2 Resultados experimentais Tabela:

SL.	Imagem original	Tamanho da imagem original em (Kb)	Tamanho da imagem comprimida em (Kb)	Taxa de compressão
1	imagem_amostra_1	126.50 Kb	23.78 kb	81.20 %
2	imagem_amostra_2	85.91 Kb	16.30 kb	81.02 %
3	**imagem_amostra_3**	**247.56 Kb**	**25.15 kb**	**90 %**
4	imagem_amostra_4	147.18 Kb	23.32 kb	84.15 %
5	imagem_exemplo_5	170.90 Kb	20.52 kb	87.99 %
6	imagem_amostra_6	204.13 Kb	23.28 kb	88.59 %

7.3 Comparação com outros métodos populares:

Algoritmo utilizado para a compressão	Imagem original	Imagem comprimida	Rácio (%)
Wavelet de árvore zero incorporada (EZW)	150 kb	52 kb	65.3

Redução da diferença de Wavelet digitalizada adaptativamente (ASWDR)	150 kb	46 kb	69.33
Partição de conjuntos em árvores hierárquicas 3D para imagens a cores reais (SPIHT_3D)	150 kb	38 kb	74.66
Partição de conjuntos em árvores hierárquicas (SPIHT)	150 kb	26 kb	82.66
Wavelet de árvore de orientação espacial (STW)	150 kb	23,4 kb	84.4
Transformada discreta do cosseno (DCT)	**247.56 Kb**	**25.15 kb**	**90 %**

Existem muitos algoritmos de compressão de imagens. Utilizamos o algoritmo DCT e Verificou-se que a compressão do algoritmo DCT é muito melhor do que a de outros métodos.

CONCLUSÃO

Conclusão

O objetivo deste trabalho era comprimir uma imagem. Como em muitos dos dispositivos em que as imagens em tamanho real não podem ser visualizadas ou não são suportadas, são utilizadas imagens comprimidas. A compressão de imagens também ajuda a poupar memória, uma vez que o tamanho da imagem comprimida é inferior ao tamanho real da imagem. Neste projeto, foram recolhidas várias imagens, nas quais as imagens originais foram convertidas em imagens comprimidas. A comparação de vários algoritmos foi efectuada e verificou-se que a imagem original 'sample_image.jpg' de tamanho (**247,56 Kb**) é comprimida numa imagem comprimida de tamanho (**25,15 kb**), o que é quase 90 % e muito satisfatório utilizando o método de compressão DCT.

Trabalho futuro

A compressão de imagens digitais tem sido objeto de uma grande quantidade de investigação nos últimos anos. Como resultado, os métodos de compressão de dados crescem à medida que são introduzidos novos algoritmos ou variações dos já existentes. Todos estes métodos de compressão de imagens digitais estão preocupados com a minimização da quantidade de informação utilizada para representar uma imagem. Baseiam-se nos mesmos princípios e no mesmo modelo teórico de compressão, que reduz eficazmente três tipos de redundância, como a psico-visual, a inter-pixel e a codificação, herdadas em imagens de nível de cinzento.

No entanto, um conjunto de imagens médicas 3-D contém um tipo adicional de redundância, que nem sempre é abordado pelos actuais métodos de compressão. Expandimos o método de compressão proposto para a aplicação da compressão de imagens médicas 3-D

Referências

[1] https://www.mathworks.com/

[2] R. C. Gonzalez, R. E. Woodsand S. L. Eddins, "Digital Image Processing Using MATLAB," Pearson Prentice Hall, Upper Saddle River, 2003.

[3] K. D. Sonal, "Study of Various Image Compression Techniques," Actas do COIT, Instituto RIMT de Engenharia e Tecnologia, Pacífico, 2000, pp. 799-803.

[4] M. Rabbani e W. P. Jones, "Digital Image Compression Techniques" (Técnicas de compressão de imagens digitais), SPIE, Washington. doi:10.1117/3.34917

[5] H. Zha, "Progressive Lossless Image Compression Using Image Decomposition and Context Quantization," Tese de Mestrado, Universidade de Waterloo, Waterloo.

[6] W. Walczak, "Fractal Compression of Medical Images," Tese de Mestrado, Escola de Engenharia do Instituto de Tecnologia de Blekinge, Suécia.

[7] R. Rajeswari e R. Rajesh, "Compressão WBMP," Jornal Internacional de Computação Baseada em Sabedoria, Vol. 1, No. 2,2011.
doi:10.1109/ICIIP.2011.6108930

[8] Revista Internacional de Ciência da Computação e Pesquisa de Engenharia (IJCSES) Vol.5, No.2, abril 2014

[9] https://www.google.com/url?sa=t&rct=j&q=&esrc=s&source=web&cd=1&ca d=rja&uact=8&ved=0ahUKEwj08Y_rvejVAhWHNI8KHYrGCrMQFggnMAA&url =https%3A%2F%2Fwww.ijarcsse.com%2Fdocs%2Fpapers%2FVolume_6%2 F4_April2016%2FV6I40138.pdf&usg=AFQjCNEBP4XoajdXGJnfzIEhT9ht85ZIh A

CÓDIGO DE ORIGEM

Compressão de imagem sem perdas usando o algoritmo DCT.

```matlab
%-------------------------------------------------------------------
%LOSSLESS IMAGE COMPRESSION CODE
%-------------------------------------------------------------------
function varargout = lossless_image_compression(varargin)
gui_Singleton = 1;
gui_State = struct('gui_Name',       mfilename, ...
                   'gui_Singleton',  gui_Singleton, ...
                   'gui_OpeningFcn', @lossless_image_compression_OpeningFcn, ...
                   'gui_OutputFcn',  @lossless_image_compression_OutputFcn, ...
                   'gui_LayoutFcn',  [] , ...
                   'gui_Callback',   []);
if nargin && ischar(varargin{1})
    gui_State.gui_Callback = str2func(varargin{1});
end

if nargout
    [varargout{1:nargout}] = gui_mainfcn(gui_State, varargin{:});
else
    gui_mainfcn(gui_State, varargin{:});
end
%-------------------------------------------------------------------
% End initialization code - DO NOT EDIT
% --- Executes just before lossless_image_compression is made visible.
% This function has no output args, see OutputFcn.
% hObject    handle to figure
% eventdata  reserved - to be defined in a future version of MATLAB
% handles    structure with handles and user data (see GUIDATA)
% varargin   command line arguments to lossless_image_compression (see VARARGIN)
% Choose default command line output for lossless_image_compression
%-------------------------------------------------------------------
function lossless_image_compression_OpeningFcn(hObject, eventdata, handles, varargin)
handles.output = hObject;
% Update handles structure
guidata(hObject, handles);
guidata(hObject, handles);
set(handles.axes1,'visible','off')
set(handles.axes2,'visible','off')
axis off
axis off

logo= imread('C:\Users\AFM Kamrul Hasan Fee\Desktop\Project-Lossless Image
Compression\jnu.jpg');
axes(handles.axes6);
imshow(logo);
%-------------------------------------------------------------------
% UIWAIT makes lossless_image_compression wait for user response (see UIRESUME)
% uiwait(handles.figure1);
% --- Outputs from this function are returned to the command line.
% varargout  cell array for returning output args (see VARARGOUT);
% hObject    handle to figure
% eventdata  reserved - to be defined in a future version of MATLAB
% handles    structure with handles and user data (see GUIDATA)

% Get default command line output from handles structure
function varargout = lossless_image_compression_OutputFcn(hObject, eventdata,
handles)
varargout{1} = handles.output;

% --- Executes on button press in pushbutton1.
function pushbutton1_Callback(hObject, eventdata, handles)
global file_name;
file_name=uigetfile({'*.bmp;*.jpg;*.png;*.tiff;';'*.*'},'Select an Image File');
fileinfo = dir(file_name);
SIZE = fileinfo.bytes;
Size = SIZE/1024;
set(handles.text7,'string',Size);
imshow(file_name,'Parent', handles.axes3)

% --- Executes on button press in pushbutton2.
function pushbutton2_Callback(hObject, eventdata, handles, Reference_Image,
Target_Image)
global file_name;
if(~ischar(file_name))
```

```matlab
71        errordlg('Please select Images first');
72    else
73    I1 = imread(file_name);
74    %--------------------------------------------------------------------------
75    I = I1(:,:,1);
76    I = im2double(I);
77    T = dctmtx(8);
78    B = blkproc(I,[8 8],'P1*x*P2',T,T');
79    mask = [1   1   1   1   0   0   0   0
80            1   1   1   0   0   0   0   0
81            1   1   0   0   0   0   0   0
82            1   0   0   0   0   0   0   0
83            0   0   0   0   0   0   0   0
84            0   0   0   0   0   0   0   0
85            0   0   0   0   0   0   0   0
86            0   0   0   0   0   0   0   0];
87    B2 = blkproc(B,[8 8],'P1.*x',mask);
88    I2 = blkproc(B2,[8 8],'P1*x*P2',T',T);
89    %--------------------------------------------------------------------------
90    I = I1(:,:,2);
91    I = im2double(I);
92    T = dctmtx(8);
93    B = blkproc(I,[8 8],'P1*x*P2',T,T');
94    mask = [1   1   1   1   0   0   0   0
95            1   1   1   0   0   0   0   0
96            1   1   0   0   0   0   0   0
97            1   0   0   0   0   0   0   0
98            0   0   0   0   0   0   0   0
99            0   0   0   0   0   0   0   0
100           0   0   0   0   0   0   0   0
101           0   0   0   0   0   0   0   0];
102   B2 = blkproc(B,[8 8],'P1.*x',mask);
103   I3 = blkproc(B2,[8 8],'P1*x*P2',T',T);
104   %--------------------------------------------------------------------------
105   I = I1(:,:,3);
106   I = im2double(I);
107   T = dctmtx(8);
108   B = blkproc(I,[8 8],'P1*x*P2',T,T');
109   mask = [1   1   1   1   0   0   0   0
110           1   1   1   0   0   0   0   0
111           1   1   0   0   0   0   0   0
112           1   0   0   0   0   0   0   0
113           0   0   0   0   0   0   0   0
114           0   0   0   0   0   0   0   0
115           0   0   0   0   0   0   0   0
116           0   0   0   0   0   0   0   0];
117   B2 = blkproc(B,[8 8],'P1.*x',mask);
118   I4 = blkproc(B2,[8 8],'P1*x*P2',T',T);
119   %--------------------------------------------------------------------------
120   L(:,:,:)=cat(3,I2, I3, I4);
121   imwrite(L,'compressed_output.jpg','JPG');
122
123   fileinfo = dir('compressed_output.jpg');
124   SIZE = fileinfo.bytes;
125   Size = SIZE/1024;
126   set(handles.text8,'string',Size);
127   img= imread('compressed_output.jpg');
128   axes(handles.axes4);
129   imshow(img);
130   helpdlg('Image Compressed Successfully');
131   end;
132   %--------------------------------------------------------------------------
133
134
```

Teste de imagens sem perdas.

```matlab
1    %---------------------------------------------------------------------
2    clear all;
3    clc; % CLEAR THE COMMAND WINDOW.
4    close all; % CLOSE ALL FIGURES
5    imtool close all; % CLOSE ALL IMTOOL FIGURES.
6    clear; % ERASE ALL EXISTING VARIABLES.
7    workspace; % MAKE SURE THE WORKSPACE PANEL IS SHOWING.
8    fontSize = 12;
9    %---------------------------------------------------------------------
10   % READ INPUT IMAGE
11   %---------------------------------------------------------------------
12   folder = 'C:\Project-Lossless Image Compression';
13   baseFileName = 'sample_image_error.jpg';
14   %baseFileName = 'sample_image.jpg';
15   fullFileName = fullfile(folder, baseFileName);
16   input_image = imread(fullFileName);
17
18   % DISPLAY THE ORIGINAL IMAGE.
19   subplot(2, 2, 1);
20   imshow(input_image, []);
21   title('INPUT IMAGE', 'FontSize', fontSize);
22   %---------------------------------------------------------------------
23   % READ OUTPUT IMAGE
24   %---------------------------------------------------------------------
25   compressed_image = imread('compressed_output.jpg');
26
27   % DISPLAY THE OUTPUT IMAGE.
28   subplot(2, 2, 2);
29   imshow(compressed_image, []);
30   title('COMPRESSED IMAGE', 'FontSize', fontSize);
31
32   %---------------------------------------------------------------------
33   % CALCULATE DIFFERENCE:
34   %---------------------------------------------------------------------
35   difference_Image = input_image - compressed_image;
36
37   % DISPLAY IT.
38   subplot(2, 2, 3);
39   imshow(difference_Image, []);
40   title('DIFFERENCE IMAGE', 'FontSize', fontSize);
41   %---------------------------------------------------------------------
42   % THRESHOLD THE DIFFERENCE.
43   %---------------------------------------------------------------------
44   thresholdedImage = difference_Image > 30;
45
46   %---------------------------------------------------------------------
47   % SUM UP THE IMAGE.
48   %---------------------------------------------------------------------
49   sumOfAllPixels = sum(sum(thresholdedImage));
50
51   % CHOOSE SOMETHING THAT WORKS FOR YOU.
52   minAllowableDifference = 1000;
53
54   %---------------------------------------------------------------------
55   % SHOW THE CALCULATION RESULT
56   %---------------------------------------------------------------------
57   if sumOfAllPixels > minAllowableDifference
58       helpdlg('Images are different');
59   else
60       helpdlg('Images are same');
61   end
62   %---------------------------------------------------------------------
63   % END
64   %---------------------------------------------------------------------
65
```

yes

I want morebooks!

Buy your books fast and straightforward online - at one of world's fastest growing online book stores! Environmentally sound due to Print-on-Demand technologies.

Buy your books online at
www.morebooks.shop

Compre os seus livros mais rápido e diretamente na internet, em uma das livrarias on-line com o maior crescimento no mundo! Produção que protege o meio ambiente através das tecnologias de impressão sob demanda.

Compre os seus livros on-line em
www.morebooks.shop

Printed by Books on Demand GmbH, Norderstedt / Germany